U0012831

BE WHO YOU WANT

重置人生

你還是 16 歲的那個自己嗎？

UNLOCKING
THE SCIENCE OF PERSONALITY CHANGE

Dr.Christian Jarrett
克里斯蒂安・賈勒特——著

張國儀——譯

獻給

裘德、蘿絲與查理

目 錄 Content

作者的話

　　人真的能改變嗎？在寫作心理學和腦科學書籍超過 20年的這段時間裡，我逐漸瞭解到，對許多人來說，這是個亟待解決的問題。現在我換個方式來問好了：

　　壞人有可能變好嗎？消極懶散的人有可能變得積極向上嗎？花豹有可能改變身上的花紋嗎？

　　確實，某種程度的自我接納就心理健康來說是好事（只要不會因此陷入放任和絕望之中就沒問題）。**但我想寫一本書給那些想盡一切可能讓自己變得越來越好的人，而不是那些想讓自我感覺良好的人。**

　　透過那些性格 180 度大轉變的罪犯、生性害羞但找到方式表達自我的名人、曾經成癮但改過自新的毒蟲等故事，再加上深具科學性的最新心理學研究證據，你會發現，人是可以改變的，而且沒錯，如果你想改變自己，你也做得到。當然不可能很快速或輕而易舉地達成，但確實是有可能的。

　　你的性格會在人生進程中，持續不斷地演化，有一部

分是為了讓你因應生活中的變化，同時也是為了因應你生理機能上逐步的改變。而最令人雀躍的是，你可以掌控這種可塑性，藉此打造自己，讓自己成為心目中想要成為的那個人。

這本書中有各種測驗和互動式練習，能夠幫助你更瞭解自己性格的多樣面相、自己的人生故事，以及自己的熱情所在。當進行這些互動練習的態度越坦誠，就越有可能發現更多關於自己的事實，也越能從本書的看法中獲益。改變性格最關鍵的部分就是建立新習慣，而本書的每個單元都會建議你可以從事的新活動，以及你可以嘗試的心理策略，幫助你塑造不同的人格特質。

書中也會事先提醒你許多應注意事項。我會告訴你，好人是如何變壞，並且有時會深化發展成對這個人的性格造成極大破壞的傷害和疾病。**追求成為心目中最棒的自己是一種生活哲學，而非一份需要去完成的工作。**

我尤其希望本書能吸引那些曾因他人對自己性格的描述──或諷刺──而感到耿耿於懷或難以忘卻的人們。這是人性的弱點，我們很輕易就會對他人未審先判，也經常忽略了這種情況（心理學稱之為「基本歸因謬誤」）所造成的影響。如果你也曾經因為他人對你性格的評判而深受打擊，無論對方是用內向、好吃懶做、濫好人、玻璃心或其他任何過度簡化的描述來標籤你，你都能愉快地從本書中學習到，環境狀況對性格會產生哪些深遠的影響，以及我們所有人在一生中或多或少都會出現性格上的改變，而

你可以打破禁錮你的框架，透過養成新習慣改頭換面，放膽追求你這一生最想要追求的目標。

人是可以改變的。我自己就改變了。前幾天我正在整理自己過去的老文件時，剛好翻到自己青少年時期寄宿學校的老師所寫的報告。「我不確定該用什麼方法才好，但克里斯蒂安一定可以改變他與生俱來的沉默寡言性格。」這是我 16 歲時的私人家教所寫下的評語。而在同一份期末評量報告上，我當時的舍監是這麼寫的：「我同意家教所說的，克里斯蒂安的本性和性格確實會讓人對他有種『過於安靜』的印象。」我的老師們也表示同感：「太過內向安靜（地理老師）」；「我會鼓勵他在班上討論時，再多發言（歷史老師）」；「他需要再多說點話！（英文老師）」。其中我最喜歡的一位舍監是這麼說的：「克里斯蒂安沉默寡言的性格究竟是種怯懦的表現，抑或是他太聰明所以不想多浪費唇舌，這一點實在很難分辨。」

但在大一那年，我破繭而出，結交了非常多不同類型的朋友，一整個禮拜幾乎每天晚上都在開趴。我還記得，在我以榮譽學生身分畢業後，我的畢業論文指導教授才承認，當時他早就放棄我了，他把我歸類成那種對運動比對求學更感興趣的享樂主義者（這判斷是根據他所知道的我的社交生活狀況，以及我把所有時間都花在大學體育館裡，而且還在那裡兼差當健身教練）。

改變不曾停止。快轉到我大學畢業後 5 年左右，生活再度安靜了下來。那時的我在家遠距工作，擔任編輯，和

我的未婚妻一起住在英國約克郡的郊區，這時的我又變回了極度內向的自己。我沒有車，而我的未婚妻大部分時間都不在家，因為她在距離 20 英里遠的利茲市攻讀臨床心理學。這是個活生生的教科書範本，讓大家看到生活情況會對我們這個人產生多大的影響。生活在安靜的鄉村裡並且獨自在家工作，這個狀況下當個外向的人似乎有點不合常理。而我也感覺到，當自己深深沉浸在第一份身為編輯的工作時，我的責任心大幅成長，也正是在這個時候，寫作心理學相關書籍逐漸成為我的使命。在截稿日前完稿，同時自我要求每天都要寫作，這對我來說是種樂趣，也成為我生活的規律。

最近幾年，我感覺到自己又開始改變了。我有了兩個美麗的孩子——蘿絲和查莉——她們讓我的責任感又更加深重了（人生中還有什麼比當父母責任更重大的事嗎？）不過我覺得，她們也同時讓我情緒不穩定性的程度提高了不少！

除此之外，我的工作開始出現更多公開演講的機會，比方像是現場活動、廣播和電視節目。我還記得幾年前我站在倫敦一間大型酒吧的舞台上，體驗著 300 位觀眾開懷大笑所發出的嗡鳴聲響（一點都不誇張，我應該補充說明一下，當時我正在跟大家輕鬆地聊說服心理學是怎麼一回事）。不知道我在學校的老師們看到那時候的我會作何感想。跟他們在學期報告上所寫的關於我的評語相比，近年來我在倫敦酒吧裡演講所獲得的評價是「克里斯蒂安是位

很棒的講者」、「非常放鬆且引人入勝」、「知識豐富同時風趣幽默」、「內容充實、吸引人，聽來非常有意思」。當然，某種程度上我是加入了刻意表演的成分在裡面，但我相信在這個公眾面具背後，我的個性出現了極具意義的轉變，而我也更願意大聲說出心中所想，並為追求目標承擔風險。

同時我也感覺到寫作這本書的歷程改變了我。現在的我更能夠接受，身旁的人事物會讓我們呈現出自己性格中不同面向的特質。而我也不再像過去一樣，認為自己個性中某些部分是無法改變的。從中我學到的是，**我們的生活方式、追求的目標，以及賴以為生的價值觀，都會對我們的性格帶來影響。**

事實上，我甚至認為，正是因為撰寫這本書（並深思其中的課題），讓我有了動力和自信，在今年初辭去從事了 16 年的工作，前往一家全球數位雜誌公司擔任具有挑戰性的角色。我跳出了自己的舒適圈，並且相信自己能夠適應。也是因為對「改變」這門科學的忠誠信賴，讓這份雜誌的精神與我的價值觀相契合，那就是：支持其他人分享對心理健康有實際幫助的看法。我相信，你也可以靠著自己的力量來改變，並用積極正面的方式適應各種狀況，成為理想中的自己，特別是能夠去追求對你的人生來說最重要的事物；而我之所以撰寫這本書，就是為了告訴你如何能夠辦到。

Chapter 1

始終放在心中的
「我們」

　　跟許多年輕人別無二致，法米在 22 歲時也曾誤入歧途。2011 年，他因為開著他的賓士轎車在倫敦西北區超速而被警方攔下，隨後警察在他的運動提包裡搜出了 8 盎司的大麻菸。結果他因持有並意圖販售違禁品而遭到起訴。

　　如果你碰見當時的法米，很可能會認為他就是你會避而遠之的那種麻煩人物。畢竟，因持有違禁藥品而遭到逮捕並非他第一次違法犯紀；也正是因為他這些脫序行為，讓他被下令必須穿戴電子追蹤器。年輕時的他，惹麻煩是家常便飯。「我從小長大的地區甚至禁止我進入，因為我實在闖了太多禍。」他回想起過去。

　　然而，法米，或者該用他的全名：安東尼・歐魯瓦法米・歐蘭森尼・約書亞 OBE（註）（Anthony Oluwafemi Olanseni Joshua OBE），成為了奧林匹克運動比賽的金牌得主，此外還曾兩次獲得世界重量級拳擊冠軍，同時也因為他的潔身自愛與循規蹈矩而成為無可挑剔的模範人物。「他真的是你這一輩子遇見過最和善、最樸實無華的年輕人。」麥克・艾波達（Michael Eboda）擔任出版「有力人士名單」的「有力媒體」（Power Media）執行長，他在 2017 年 2 月如此寫道。「我很有可能走上另外一條路，但我選擇要當個尊重他人的人。」約書亞在 2018 年時這麼說，當時的他正在規劃要協助教育下一個世代的年輕人「能夠過著健康、有紀律的生活，成為勤奮工作、尊重所有種族與宗教的人。」

　　人是可以改變的，而且通常會是劇烈的改頭換面。很

常見的是，他們在自己人生故事的其中一個篇章是一種樣貌，但是快轉到之後的段落時，就會赫然發現他們已轉變成一個截然不同的人。令人哀傷的是，有時候狀況也可能會變得更糟。老虎伍茲曾經因為他既優秀又超凡的表現而備受眾人盛讚。在個性上，他曾是個認真又自律的人。但在 2016 年，在飽受多年背部病痛的折磨後，他因為在服用藥物後違法駕駛而遭到逮捕，當時的他連話都說不清楚。檢驗報告顯示出他體內有五種不同的藥物，其中包括了常見於大麻菸中的四氫大麻酚。他狼狽不堪的被逮大頭照出現在全世界的報紙上。而這還只是這位前任世界冠軍高球選手較為近期的醜聞。早在幾年前，他慣性出軌的八卦新聞在小報上傳得沸沸揚揚，已經對他造成了足以毀滅的嚴重打擊——那堪稱是他人生中的黑暗期，始於他與妻子劇烈爭吵之後，開車衝撞消防栓。幸好，負面改變同樣也是可以扭轉的。2019 年，當時全世界高球選手排名已經跌到第 1199 名的伍茲，贏得了在喬治亞州亞特蘭大舉辦的高球名人賽冠軍，這場勝利也被喻為是運動史上最震撼的回歸。

改變的證據不只來自於救贖或恥辱的故事。環顧四周，你一定會發現有些儘管沒那麼轟轟烈烈，但還是會讓人感到驚訝的改變例子存在。艾蜜莉・史東小時候是個很

註：OBE 為 Officer of the Order of the British Empire from Charles, Prince of Wales 之縮寫，此為英國皇室賜予對英國有重大貢獻人士之榮譽頭銜。

容易緊張，而且經常會陷入恐慌狀態的孩子，她的父母為她尋求心理治療師的幫助。「我隨時都處在焦慮緊張的狀態中。」她如此告訴《滾石》雜誌。「到後來我已經連朋友家都沒辦法去，要很勉強，我才能踏出家門去上學。」你很難相信，這個女孩現在不但克服了她容易緊張的個性，身為艾瑪·史東的她（這是她加入演員公會時所使用的名字），已經成為全世界收入最高的女演員，並且榮獲奧斯卡金像獎、金球獎，以及英國電影電視學院藝術獎。

我們再來看看丹，他是俄亥俄州馬里翁監獄的囚犯，英國國家公共廣播電台（NPR）「看不見的力量」（Invisibilia）這個播客節目曾在某一集中介紹了他。讓丹入獄服刑的罪名是一次十分暴力的性侵，但在節目中我們聽到丹，這位現在出版了詩集的詩人，是如何在監獄中幫忙舉辦 TEDx 的活動（知名的 TED 線上演講的分支）。這個節目的客座播報員與丹認識了 1 年，並持續與他密切書信往來，他對丹的描述是：「他非常迷人、充滿童心、說話很快、思考迅速、充滿了詩意、極富創造力。」丹的典獄長說他：「頭腦靈活、很有幽默感、和善、充滿熱情。」而丹自己則說，在犯案當下，他真正的性格「完全消失不見」，而現在他幾乎覺得自己好像是為了另一個人所犯的罪而在監獄服刑。

自從為日漸這本書而開始做研究之後，我就經常驚訝於其實很多人都擁有像丹或艾瑪·史東這一類的故事，而且他們的轉變與目前最新的人格轉變心理學的發現可說是

完全相符，同時也可以從中得到解釋。

　　廣播電台的 call-in 電話、線上聊天論壇，以及光滑閃耀的雜誌頁面上經常充斥著各種關於改變的故事，而且通常都是變好的故事：懶惰的人找到了目標、害羞的人找到了表現自己的方法、罪犯變成好人。

　　從人格轉變的科學中記取這些教訓，在今天無疑比過去更加重要。傳染病的大流行動搖了我們所有人的生活，同時也在考驗著我們的適應能力。各種壓力的來源，從社群媒體到手機遊戲、應用程式無所不在，讓我們的專注力和自律能力消耗殆盡。隨著人們陷入推特上排山倒海的評論以及越來越沒有水準的政治話語中無法自拔，四處可見怒火和政治的兩極化，這也讓我們的文明日漸淪喪。坐著不動的生活方式同樣也越來越增長（世界衛生組織形容，缺乏身體活動已經成為「全球公共衛生問題」），而研究顯示這也對我們的人格特質造成了損害性的影響，讓決斷力變差，也讓負面情緒增強。然而，**正向的人格改變故事會讓你看見，你無須被動地臣服於這些具傷害性的影響之下；你可以主動採取行動，打造出屬於自己更好的個性。**

有堅持不變的地方，也有可以改變之處

　　我們有能力可以改變的這個事實，並不代表我們就應該完全抹煞所謂「性格」這個概念。根據數十年來謹慎仔

細的心理學研究，有一種東西叫做「性格」——以一種相對穩定的特有傾向來行動、思考並與他人交往。這包括了我們是否會向社會同伴尋求認同，以及我們有多喜歡自己一個人花時間細思慢想。性格會反映出我們的動機，比方像是我們有多在乎自己是否能夠幫助他人，或是能不能功成名就；性格也同時與我們的情緒有關，包括我們是比較冷靜，或是比較容易發怒。反過來說，我們最典型的思維模式和情緒也會影響我們的行為。而這種思想、情緒和行為組合起來就成為了你的「自我」——本質上的你所成為的那種人。

　　說到定義和評量性格，心理學家面臨到的一個問題是，實在有太多太多可能的性格標籤了，其中一些聽起來比較順耳：虛榮、多話、無聊、迷人、自戀、害羞、衝動、書呆子、頭腦不清楚、有藝術天分，隨便想想就有這麼多。（1936 年，性格心理學的祖父高登·奧爾波特（Gordon Allport）和他的同事亨利·歐德博特（Henry Odbert）估計，用來描述人格特質的英文詞彙，不下於 4504 個）值得感謝的是，現代心理學已經將這些描述去蕪存菁，將人格過濾成五個主要的特質。

　　從這個去蕪存菁的過程中舉例來說，想想那些性格較喜愛冒險、尋求刺激的人，往往比較快樂也比較健談，而這樣的性格似乎是從另一個潛藏的特質而來，那就是大家所熟知的「外向」。根據這個邏輯，心理學家歸納出了五個主要的人格特質：

外向

指的是在基本層面上，你對正面情緒的接受度有多高，以及你的社交能力、精力和活躍程度有多高。反過來說，這也會影響到你對於追求刺激和同伴的熱衷程度有多少。如果你喜歡派對、極限運動和旅行，你一定會在這一項特質中拿到高分。

情緒不穩定

在描述你對負面情緒的敏感程度，以及你自身情緒的穩定程度。如果你經常憂心忡忡，如果社交上的挫折讓你感到受傷，如果你反覆思忖著過去的失敗，並且對即將到來的挑戰感到畏怯，那麼你很可能會在這一項特質中拿到高分。

責任心

指的是你的意志力——你有多條理分明、多自律，以及有多勤奮。如果你喜歡把家裡整理得井然有序，討厭遲到，而且充滿了進取心，那麼你很可能在這個項目中會有很高的分數。

親和力

指的是你有多溫暖、多友善。如果你有耐心且會包容，而且你在遇見新朋友時的第一個反應就是去喜歡和相信他們，那麼你應該是個非常隨和的人。

開放性

指的是你對於新想法、新活動、新文化以及新地方的

接受程度。如果你不喜歡歌劇、有字幕的電影,也不喜歡
打破日常生活的規律,那麼你在這一項目的分數應該很低。

性格五大特質及其附加特質

五大特質	事實描述（其他附加特質）
外向	溫暖、慷慨、果決、活潑、喜歡找樂子、快樂、令人感到愉快
情緒不穩定性	焦慮、易怒、容易感到傷心和自卑、自我意識強烈、衝動、脆弱
責任心	能幹、凡事按部就班、富責任感、進取心強、自律、謹慎
親和性	信任、誠實、無私、願意配合、順從、謙虛、具同理心
開放性	富想像力、有美感、能夠掌握情緒、好奇、對其他看法與價值觀保持開放的態度

　　絕大多數的心理學家都認為,這五個特質無法完全涵
蓋人性本質中的黑暗面。為了要衡量這個部分,他們提出
了另外三個特質——自戀、馬基維利主義,以及心理病態
(統稱為黑暗三合會)。我們會在第六單元中詳細討論這
個部分,包括我們是否可能從這個世界的混蛋、卑鄙小人
和騙子身上吸取教訓,而不需要自己親身投入那些黑暗面。
　　**性格聽起來有點不著邊際,而且完全只是一種字眼上
的描述,但它會反映在你的生理系統上,甚至會影響你
大腦的建構方式和功能。**舉例來說,內向的人不僅僅是喜
歡不受打擾和安靜而已,他們的大腦對於巨大的聲響也更
為敏感。情緒不穩定性(情緒較為不穩定)的人不止是會
有較強烈的心情起伏,他們主掌情緒調控的大腦皮層表面

積較小，皺摺也較少。人格特質中較喜愛冒險的人——具有較強韌性和責任心的人也是——他們的大腦前端有著更多的髓鞘，也就是環繞在腦細胞周圍的絕緣層，幫助這些人能更有效地溝通。人格特質甚至跟你胃裡的微生物群有關，情緒不穩定性的人擁有更多不好的腸道細菌。

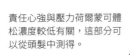

責任心強與壓力荷爾蒙可體松濃度較低有關，這部分可以從頭髮中測得。

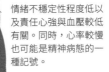

人格特質會以不同方式表現在大腦的結構和功能上（詳見 P.18 內文）。

開放性高及責任心強與身體長期發炎標記較少有關。

情緒不穩定性程度低以及責任心強與血壓較低有關。同時，心率較慢也可能是精神病態的一種記號。

情緒的不穩定性程度高與擁有較多不健康的腸道微生物有關。

人格特質分數不只是抽象的數字而已，它們也深植在你的體內，而且與你生理機能的許多面向有關，從你腸道中的微生物群，到你大腦活動的模式都是。這是個雙向的關係，所以**保持身體的健康，比方透過健康的飲食、充足的睡眠，以及規律的運動，同樣也會為性格帶來相應的好處，舉例來說可以降低情緒不穩定性的程度，並讓你擁有更強的責任心、更高的親和性和開放性。**

所以人格是個具有生理學基礎的真實概念。然而，像是安東尼‧約書亞、老虎伍茲以及其他人的故事所呈現的，人格並非一成不變的，或者說被定了型的。「定型」，是美國 19 世紀偉大的心理學家威廉‧詹姆斯（William James）偏好的比喻，他在他的著作《心理學原理》（*Principles of Psychology*）中提到，到了 30 歲，我們的性格就會定型，而我們也不會再有改變的能力。

事實上，從某種意義來說，你的改變能力其實在 30 歲之後會變得更明顯。基因對認知能力——也就是你的智力和記憶力——的影響，會隨著年紀越見增加，但是基因對人格的影響卻會逐漸降低，可以這麼說，生活中所發生的事情以及其他各種經歷所留下的印記範圍反而會擴大，像是新工作、感情關係，或是移居國外等等。

人類已經進化到擁有強大的適應能力，你可以把自己當下的人格特質想成是你所決定的行為與情緒策略，目的是為了能在眼前所處的狀況中，讓自己有最好的機會能夠生存並發展。你的基因傾向會讓你挑選某一類的策略勝過

其他的策略，但並不會把你限制在特定的一種生活方式或人際關係之中，並且你也不會因為目前的生活方式而動彈不得。

確實，人格會隨著年齡增長而變得更穩定，但這並不是因為我們失去了改變的能力。這是因為大多數人的生活環境會隨著他們適應成人生活的規律，而逐漸不再有太多變化。

把鏡頭拉遠一點，你可以清楚地看到，我們絕大多數的人都會在一生中有許多改變。如果你是依循著典型的模式走，那麼你會隨著年紀漸長而變得更友善、更能夠自律，而且也不那麼容易動怒了。你在人生中時不時做出的重大決定——你選擇的事業路線、你建立的親密關係——則會帶來影響更加深遠的改變。像是畢業、為人父母、離婚、喪親、病痛、失業等重大事件的所造成影響，也會日漸累積。史上歷時最久的一次人格研究在 2016 年發表，研究內容是針對受試者在 14 歲與 77 歲時的人格進行比較，結果是無法找出兩者之間有任何的關聯性。另外一份研究則是比較了 50 年來將近 2000 人的人格，這次的研究找到了顯著變化的證據，證明性格是具有可塑性的，而人的性格特質通常都會隨著年齡增長而漸臻成熟。

當然，你也會在短期內出現類似人格特質的行為變化（心理學家稱之為「狀態改變」），是為了要回應你的心情、跟你在一起的人（舉例來說，想想你和你的老闆或祖母在一起，跟你和朋友在一起有什麼不同），或是你不

得不喝的飲料。看看大家都說網球明星拉斐爾‧納達爾（Rafael Nadal）在球場上跟球場下的性格差異很大，簡直就像是超人和克拉克‧肯特一樣。而他的母親到現在「看到他在網球場上的勇往直前和他下場後的恐懼膽怯，依然會感到驚訝不已。」

對喜歡事情非黑即白的大多數人來說，知道人格既是穩定的卻又會不時改變，這樣矛盾的訊息實在令人困惑。加州大學戴維斯分校的人格心理學家西敏‧瓦奇爾（Simine Vazire）巧妙地掌握了這個悖論。她寫了一封公開信給英國國家公共廣播電台，針對我之前提到的「看不見的力量」這個播客節目的其中一集做出回應——也就是討論丹這位遭判刑入獄的強暴犯現在有著迷人又和善個性的那一集。這一集的名稱是「性格之謎」，暗示因為性格具可塑性，因此是個沒有意義的概念。但瓦奇爾認為這種說法有點太過。她說：「人格這東西，有許多堅決不變之處，也有許多我們可以改變的地方。」

為什麼人格很重要？

你的人格對你的人生有舉足輕重的影響，從你在學校和職場上成功的機會，到你的生理和心理健康以及人際關係，甚至是你的壽命長短。試想，為什麼對學習成果來說，青少年的韌性和自律能力會比他的智商高低更重要嗎？事

實上，根據 2017 年的一份充滿爭議的研究，小孩自我控制的程度高低——擁有責任心的關鍵所在——會在往後的數十年間持續發揮作用。

　　為了呈現這一點，研究人員將 940 位在 1972 年或 1973 年出生於紐西蘭旦尼丁的人，從出生到目前的生活狀況製作成表，結果發現其中大約有兩成的人在肥胖、犯罪、抽煙和居住環境糟糕這些方面，占了全部社會負擔的很大一部分。關鍵之處是，那些在兒時自我控制能力較差的人，更有可能成為社會沉重負擔的弱勢族群。

人格特質與死亡率之關聯性

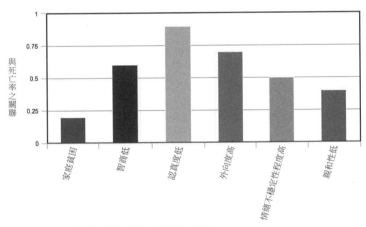

人格特質之預測影響力對比於智商及家庭社會經濟地位

性格特質的重要性體現在特質評分與未來死亡風險（死亡率）間的相關性有多高，如本圖所示。本圖乃根據數十項研究數據以及數千名志願者之資料所製成。

人格特質與未來事業成功之關聯性

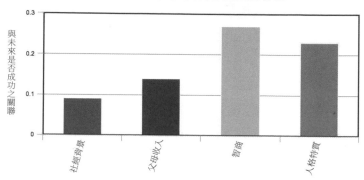

人格特質之預測影響力對比於智商及家庭背景

同樣地，人格特質與未來事業成功與否間的關聯性，也比家庭和父母背景的關聯性高，跟智力程度的關聯性差不多。

　　另一份研究則是有超過 2 萬 6 千位美國人參與，結果發現，姑且不論家庭的社經地位，個人在高中時期的人格特質與他們的壽命長短有關，甚至到了他們 70 歲時也是一樣，性格較衝動的人比較容易早死，而比較能夠自我控制的人則是活得比較久。類似的研究也顯示，**如果你想要活得長壽，擁有認真的性格跟擁有社經地位和教育程度一樣重要。**

　　就幸福感而言，最近的一項評估顯示，情緒不穩定性人格特質（具有負面情緒、壓力和憂慮的傾向）的人，其幸福貨幣的價值會比其他人稍低，大約等同於每年 $314,000 的額外收入。另一種理解這個說法的方式是來看看另外一個澳洲的研究，這個研究追蹤了超過 1 萬人 3 年的時間：**受試者的人格特質，尤其是不那麼情緒不穩定性**

而且較為外向的人，人格特質對他們幸福感的影響力，是疾病或喪親這類重大人生事件的 2 倍之多。

性格較為外向且不那麼情緒不穩定性的人，同樣也比較容易對物質生活的豐足感到愉快。一份瑞典研究找來了超過 5000 名年紀在 30-70 歲之間的人進行調查，結果發現，他們的人格特質與他們目前收入之間的關係，跟家庭社經背景與收入之間的關係一樣密不可分。此外，**若要論這些人對自己人生的滿意程度，他們的性格（較外向、情緒也較穩定）與滿意度之間的關係，甚至比家庭背景還要強大。**

另外一個關於人格的重要面向就是心態的開放程度。員工能夠創新並學習新技能的能力是許多現代雇主所要求的，而這一點有非常高的程度要仰賴心態開放程度這項人格特質。你的性格甚至可以讓你在工作上比較不容易被機器人取代！研究人員在 50 年間追蹤了 35 萬人，他們發現，**那些在青少年時期展現出較為外向和認真特質的人，比較不會在長大後從事那些很容易被電腦化的工作。**

所以，人格的重要性不可輕忽。但要記得，儘管你的人格特質在一生中看起來似乎是穩定不變的，尤其是如果你並非刻意地想去改變它們，但它們並非不可改變，也不是注定如此。**事實上，你性格改變的方式對你未來的幸福至關重要，甚至有可能比其他所能想到的明顯因素都重要，舉例來說你的財務和婚姻狀態。**

為什麼人格特質產生改變？

　　你的人格特質造就了你這個人，並形塑了接下來將會有的人生，因此，若說人格特質會在某種程度上持續發展，並且很容易因生活的影響而產生變化，這種說法似乎令人感到不安。但其實這也是個能夠帶給我們力量的發現。**藉由弄清我們的性格隨著人生階段與狀況的不同會有什麼樣的變化和反應，我們可以更認識自己，同時也可以事先預測並好好利用這樣的改變能力。**更重要的是，我們不需要只當個被動的旁觀者，等著事情發生在我們身上來打造我們這個人。令人振奮的新研究發現，只要有正確的態度、足夠的努力以及適當的技巧，我們就能夠用意志力決定要如何改變自己的性格，成為我們想要的人。本書將幫助你瞭解如何做到這件事，包括透過由外向內的方法，例如，讓自己處在對的狀況中、仔細挑選你想要花時間相處的人、培養新興趣並展開有意義的計畫等，當然也少不了由內向外的方法，透過鍛鍊你的心理與生理，改變你思考與觸發情緒的習慣。畢竟，你的人格來自於你的思考方式、動機、情緒和習慣。解決這些問題，你就能改變自己和人生。

　　在開始形塑你的人格之前，我們有必要深入探索你在目前人生中的優先順序個是什麼。刻意進行的人格改變需要格外留意小心，千萬別忘了你自身的認同感與真實性也

非常重要。意思也就是說，在這裡你所感覺到的真實性，有可能比較像是盡可能地扮演你所想要成為的那種人，而非實際上真正的你。

開始認識自己

今天的你所擁有的是什麼樣的人格？你可以依據你所喜歡的東西，或是你在家人朋友間的評價而有大概的瞭解。舉例來說，如果你喜歡參加派對、結交新朋友，那麼你很可能會認為自己是個外向的人。

事實上，許多我們日常的習慣和例行公事都會帶來令人驚訝的揭露。近期的一個研究對美國奧勒岡州近 800 位志願者進行人格分析，接著在 4 年後，再請他們評估自己在過去這段時間裡，進行四百種不同日常活動的頻率各是多少。

其中有些發現非常顯而易見，舉例來說，外向的人比較常去參加派對，而心態開放的人比較常去聽歌劇。而另外一些發現則是頗令人驚訝。你喜歡泡熱水澡、裝飾家裡、把自己曬黑嗎？如果是，那麼你很可能是個外向的人（在這個研究中，特別是外向的人會表達自己會去做這些事。）

如果你花很多時間在燙衣服、陪小孩玩、洗碗、或者是在洗澡或開車時唱歌，那麼你很可能在親和性這個項目上有很高的分數（這個假設的前提是，你總是努力讓所

有人都感到開心，包括你自己在內）。如果你絕對不罵髒話、每天戴手錶、把頭髮梳整齊、把鞋子擦得晶亮（或是更符合現代潮流一點——你的手機 APP 總是更新到最新的版本），那麼你極有可能是個極富負責心的人——如果你是個早起的人，那麼跟夜貓子或是晚上才有精神的人比起來，你的個性也比較認真負責。而如果你經常在家裡一絲不掛地晃來晃去，很顯然你應該是個心態很開放的人！

檸檬汁性格測驗

如果你希望能夠更科學一點，這裡還有一些需要實際動手，而且會把手弄髒的方法來發掘你的性格。檸檬汁測驗是多年前由漢斯·艾森克（Hans Eysenck）所發明，用來判斷性格是外向還是內向；他也是人格心理學的先驅之一。如果要試看看的話，你需要準備一些濃縮檸檬汁、一根棉花棒，以及一小段線（如果你不想讓自己的手變得黏呼呼，你可以跳過以下兩段不讀——這可能也顯示出你是個性格超級嚴肅的人！）

首先，把線綁在棉花棒中間的位置。然後把棉花棒的一端放在你的舌頭上，靜置 20 秒。接下來，滴幾滴檸檬汁在棉花棒的另一端，然後再把棉花棒放在你的舌頭上 20秒。最後，用線拿起棉花棒，看看有沾檸檬汁的那一端是不是比較下垂。如果是的話，就代表你是個內向的人，至

少就生理上來說是如此。大家都知道，內向的人對外界的刺激和疼痛會比外向的人有更強烈的反應，這也說明了為什麼他們傾向於迴避音量過大與喧鬧興奮的環境。這樣的敏感同時也反映在檸檬汁上，因為檸檬汁會讓內向的人的舌頭分泌口水，使得沾有檸檬汁的棉花棒那一端變得更重。相反地，外向的人在生理上的敏感度沒有那麼高，所以他們碰到檸檬汁時並不會分泌那麼多口水，而棉花棒就會維持在原來的平衡狀態。

來做五大人格特質測驗吧！

　　接下來測驗中的 30 項人格描述是取自簡式五大人格量表第二版，由寇爾比學院的心理學家克里斯多福・索托（Christopher Soto）與奧利佛・約翰（Oliver John）於 2017 年所製作。在閱讀本書的過程中以及讀完本書之後分別進行本測驗，你便會更瞭解自己當下的人格，並且知道自己在閱讀的過程中有了多少改變，以及在哪些地方有了改變。

　　在接下來的 30 個項目中，用 1-5 標示出這些說法跟你相符的程度（1 ＝完全不同意；2 ＝不太同意；3 ＝沒有意見；4 ＝有點同意；5 ＝完全同意）。儘可能誠實地作答。如果你想要操縱分數，最後你得到的只會是偏頗的結果：

人格特質評量

1	是個很愛聊天的人	1	2	3	4	5
2	很有同情心，心很軟	1	2	3	4	5
3	喜歡凡事井井有條	1	2	3	4	5
4	總是擔心很多事	1	2	3	4	5
5	熱愛音樂、藝術或文學	1	2	3	4	5
6	喜歡主導，以領導者自居	1	2	3	4	5
7	很少對他人做出無禮粗暴的行為	1	2	3	4	5
8	擅長展開新的工作任務	1	2	3	4	5
9	容易感到心情低落、憂鬱	1	2	3	4	5
10	很喜歡思考抽象的概念	1	2	3	4	5
11	精力旺盛	1	2	3	4	5
12	總是先看他人好的地方	1	2	3	4	5
13	非常可靠，是大家信任的對象	1	2	3	4	5
14	情緒不穩定，容易動怒	1	2	3	4	5
15	很有原創性，能想出許多新點子	1	2	3	4	5
16	個性外向，善於社交	1	2	3	4	5
17	從來就不是個冷酷無情的人	1	2	3	4	5
18	把所有東西都整理得乾淨整齊	1	2	3	4	5
19	高度緊張，抗壓性低	1	2	3	4	5
20	有許多與藝術相關的興趣	1	2	3	4	5
21	喜歡發號施令	1	2	3	4	5
22	凡事心懷敬意，總是尊重他人	1	2	3	4	5

23	堅持不懈，一定會把負責的工作做完	1	2	3	4	5
24	沒有安全感，總覺得自己哪裡不對勁	1	2	3	4	5
25	是個會深入思考事情的人	1	2	3	4	5
26	比一般人更有行動力	1	2	3	4	5
27	很少會去挑別人的毛病	1	2	3	4	5
28	總是想要把所有事情都處理好	1	2	3	4	5
29	喜怒無常，很容易情緒化	1	2	3	4	5
30	富有創造力	1	2	3	4	5

你的答案顯示你是什麼樣的人呢？讓我們按照順序來看看每種人格特質，就從外向性開始吧。

外向性：搖滾巨星特質

將你在第 1、6、11、16、21、26 這幾項給自己的評分加總起來，就能知道你的外向性分數了。你的總分會落在 6（拜託請不要理我，高度敏感的內向人）到 30（腎上腺素滿載到堪稱吸毒程度的外向人）之間。我們絕大多數人的分數都會落在這兩個極端之間。

如果你是個外向性強烈的人，表示你不但社交能力很強，擁有很多朋友，而且你很有可能會受到那些具有較高風險及高報酬的工作所吸引，像是商品銷售或股票交易，而能夠從中獲取領導權和地位也是吸引你的重點。你為人樂觀，也比絕大多數的內向人過得快樂。有很高的機率你會喜歡喝個兩杯。事實上，研究人員在將一群陌生人聚在

一起小酌時發現，特別是外向的人會說酒精讓他們心情高昂，而喝酒幫助他們感覺自己更親近新認識的朋友。總結來說，外向性強烈的人大多過著節奏緊湊的生活，而且通常英年早逝——確實，外向性強烈的人吸毒和性交的頻率比內向的人要高，而平均來說，他們的壽命也較短。這也是為什麼人格心理學家丹‧麥克亞當斯（Dan McAdams）稱外向性為人格中「永遠的搖滾巨星」。

如果你是內向的人（也就是你在外向性這個項目的分數很低），基本上所呈現的畫面會是相反的：你尋求的是冷靜，而不是刺激。這並不代表你一定不愛社交，但派對舞會那種激烈的喧囂對你來說沒有什麼吸引力。事實上，你可能會覺得派對讓人難以承受。大腦影像的研究顯示，像你這類內向的人對刺激的神經反應更為敏銳，這或許也說明了為什麼跟外向的人不同，你會小心不讓自己接觸太過刺激的人事物。

情緒不穩定性：你有多穩定？

將你在第 4、9、14、19、24、29 這幾項給自己的評分加總起來，就能知道你的情緒不穩定性（也被稱為「負面情緒」或是「情緒穩定性」）分數了。同樣地，你的總分會落在 6（感覺是你整個人冷靜得像冰塊似的）到 30（就像是伍迪艾倫，你可能過於緊張，緊張到連出門去走走都沒辦法）之間。

如果外向性是對美好事物的敏銳程度，那麼情緒不穩

定性就是對所有會出錯的事的敏銳程度。如果你的分數很高，那麼你很可能喜怒無常、害羞、容易感受到壓力、善變，而且會花很長的時間去感受不愉快的情緒，像是恐懼、羞恥和罪惡感。情緒不穩定性這個項目分數高的人，比一般人更容易出現心理健康的問題，比方像是憂鬱和焦慮，也更容易出現生理上的疾病。這也會呈現在神經反應上，舉例來說，情緒不穩定性的人的大腦對令人不快的影像和文字特別敏感。確實，若從詩意和哲學性的角度來看，在負面情緒中尋找美好意象有其道理，但從實際面的角度來看，我們無法否認，在情緒不穩定性這個人格特質上還是低分一些比較好。

如果你很幸運地在情緒不穩定性這一項上拿到低分，那麼要讓你生氣或難過可能不是很容易，甚至就算是情緒低落或感到緊張，你也能很快地恢復。

親和性：你有多友善？

將你在第 2、7、12、17、22、27 這幾項給自己的評分加總起來，你會看到自己的總分落在 6（要這麼說並不容易：如果你的分數是 6 分，那麼你不是個很好相處的人，不過你忠於做自己的坦率程度令人印象深刻！）到最高分30（親愛的，你簡直就是個天使！）之間。

這個項目分數高的人溫暖又和善，而且他們會在其他人身上看見最好的部分（也會引導他人表現出最好的一面）。他們是天使，樂於接納陌生人和外人，他們充

滿同理心，而且善於站在他人的角度來看事情。這些人格特質也會呈現在他們的大腦上，舉例來說，在他們大腦中與從他人角度來看事情有關的神經區域就有著結構上的差異，而他們的大腦在抑制負面情緒的區域中也比其他人更活躍。簡而言之，他們是你會想要交朋友的人。難怪他們總是很受歡迎，而且深受大家的喜愛。

近期的一份研究提供了一個圖像呈現出親和性高與親和性低的人之間的差異。研究人員提供受試者酒飲，並分配給每個人一位夥伴，受試者可以對他的夥伴進行電擊，而夥伴也可以電擊他（這是研究策略的一部分，受試者的夥伴並非真人，而電擊的強度也經過事先設定）。而在親和性項目分數較低的受試者，表現出較高的攻擊性：如果他們的夥伴在他們微醺的狀態下以微弱的電量挑釁他們，這些受試者會比其他受試者更傾向於展開報復，他們會用手上最強的電量反擊他們的夥伴。但親和性高的受試者就沒有這麼火爆了；儘管酒精讓他們不若平常那麼拘謹，但他們回應挑釁的方式仍然比較傾向於忍讓不還擊。

對新體驗的開放性：你有多體貼、多有創意？

與這個特質相關的項目是 5、10、15、20、25 及 30。同樣地，你的分數會落在最低的 6 分（我猜你沒有護照，而且每天都吃玉米穀片當早餐）以及最高的 30 分之間，如果你是 30 分，那麼你應該是那種每天早餐邊吃香料邊聽歌劇的人，毫無疑問。對於在這個特徵上拿到低分的「心

態保守者」來說，拿高分的人在他們眼中看來既不切實際、傲慢又自命不凡，而且過於喜歡展現自己的個人性。對心態開放的人來說，低分的人看起來頑固偏執、無趣又粗野（或說沒有受過文化的薰陶）。

　　基本上，這個特質與什麼會觸發你去體驗嶄新且不熟悉的事物，以及你對美及美學有多敏銳相關。這也會呈現在生理上，舉例來說，這個特質分數高的人，更容易被他們認為優美的音樂或藝術所感動，而有那種全身震顫不已的感覺。而這樣的特質甚至可以保護你不會受到失智的荼害。彷彿就像是更豐富的智性生活可以打造認知的儲備空間或備用容量，提供我們對抗退化的緩衝。

　　開放性與智性相關但兩者並不相同。這同樣也會呈現在我們的態度上，舉例來說，我們對政治與宗教的態度。得分高的人較傾向於追求自由，容易受到靈性而非宗教團體的吸引；相反地，得分低的人較為傳統且保守，而且他們看待事情的態度非黑即白。擁有開放心態人格的人在道德上並不像他們一樣謹守分際（或許除了他們對外人比較不會有偏見之外），但是他們通常更傾向於質疑道德價值，也更願意改變他們的想法，甚至可以接受許多問題並沒有一翻兩瞪眼的答案。

責任心：你是否有韌性和決心？

　　計算你在第五項也是最後一項五大人格特質的方法是：將你在第 3、8、13、18、23、28 這幾項給自己的評

分加總起來。最低會是 6 分（如果你是 6 分，太棒了，因為考量你平常的個性，能夠維持這麼長的專注力把評量做到現在這一步，實在讓人太佩服了），而最高是 30 分（如果這是你，我猜現在很可能是凌晨，你的家人們都在睡夢中，而你想多找點時間來進修學習）。

在責任心這個項目中得到最高分和最低分的人，分別有點像是伊索寓言裡的螞蟻和蚱蜢。富責任心的螞蟻懷抱著長遠的目標，為的是不讓自己在接下來的冬天裡挨餓。關鍵的一點是，他有動力和自制力，讓自己能用一整個夏天來囤積糧食，達成他的目標。相反地，蚱蜢則是沉溺在夏日的誘惑中，缺少自律的能力或動力，來為接下來的冬天做任何規劃。

若要分析得再更細瑣一些，如果你的責任心很強烈，你很可能是個準時、整齊且一塵不染的人。更重要的是，比起其他人格特徵，責任心與人生重要成就的關聯性更高，比方像是在學業及事業上獲得成功與成就感、能夠維持長久的人際親密關係、避免觸犯法律，並且擁有更長壽、更健康的人生。這個結果不會太令人驚訝，因為這些責任心強烈的人都擁有自制力和毅力，能夠專注在他們的學習和工作上、遵守規定、保持忠誠，並拒絕那些通常會帶來傷害的誘惑，像是抽菸、飲食過量、開快車、進行沒有保護措施的性愛以及婚外情。

有了評量的分數，現在你已經清楚知道今天的你是怎麼樣的人。如果你跟大多數人一樣，你會對某些部分很滿

意，但也有些部分你想要改變。現在你知道自己正式的人格側寫了，一定有些很顯而易見的問題從你腦中跳出來，而我將在下一章為你解答：影響你人格最初始的因素有哪些？你的父母、手足和朋友，是如何培養出你一開始就有的那種人格？當然，你今天的人格可能跟你十八歲時全然不同；那時的你雙眼熠熠生輝，以為世界就在你的腳下。生活的高低起伏是如何在你身上留下了印記，而你可以期待未來會有哪些改變呢？

改變人格的十個可行步驟

減輕情緒 不穩定性	● 當你感到沮喪或生氣時，寫下你的感覺，標記你的情緒。研究人員建議這麼做具有冷靜的效果，同時也能減輕情緒的強度。 ● 寫感恩日記。每一天，寫下三件讓你覺得感謝的事。心懷感恩能夠增進正向的心情，減輕壓力。
加強 外向性	● 下定決心在本週內邀請一位朋友出去喝一杯。獨自一人和社交孤立會增強內向性，而其中一種對抗的方式就是規劃社交活動。如果你不知道該如何開始，你可以試著使用交友軟體，像是 Frim，在你居住的區域中找尋跟你性格相近的人。 ● 讓自己挑戰看看在本週內跟一位陌生人打招呼，如果你有足夠信心，也可以試著跟對方稍微聊一下天。研究人員的看法是，我們會發現跟陌生人交談比我們想像中來得有趣，而且我們給別人的印象也比我們自以為的要好。

改變人格的十個可行步驟（續）

加強 責任心	● 在晚上睡覺前，把明天你必須要做的事情寫下來。這麼做不但能夠幫助你更有條理，近期的研究也發現，這能麼做能夠提供那些尚未完成的工作一個完結，幫助減輕失眠的狀況。 ● 誠實地想想有哪些家事或任務是你一直拖延沒做的，下定決心在本週內把它們做完。如果你不知道該如何開始，問問自己：要把這件事做完，我第一步該先做什麼才好？
加強 親和性	● 寄一張感謝卡給一位朋友、親戚或同事。近期的一份研究發現，收到感謝卡的人從中獲得的益處比我們預期得還要多得多。 ● 讚美你的同事（或是你的鄰居）。像這一類的文明舉動通常會持續擴散，因為接收到善意的人會將這份善意傳遞給其他人。
加強 開放性	● 開始看電視上不同語言標上字幕的戲劇節目；讓自己去接觸其他文化，這麼做能開放你的心智。 ● 參加讀書俱樂部。特別去讀那些與增進換位思考能力相關的書。

Chapter 2

躲避還是正面迎擊
明槍與暗箭？

維里奧，是畫家安東尼奧‧維里奧（Antonio Verrio）的畫作，畫中描繪了 1673 學校的成立。幾百年來，這幅畫一直懸掛在耶穌醫院寄宿學校那有如洞穴般的圓頂食堂大廳中。它的長度將近 86，被分切成三張，是全世界最巨幅的畫作之一。無數代的教職員和學子都曾經對它讚嘆不已。

但並非所有學生都對這幅龐然大作敬畏有加。我在 1990 年代入學時，有位名叫喬治（這並不是他的真名）的同學，用他的餐刀插起一整塊奶油，然後直直朝著維里奧扔了過去，沒有任何理由，就只是因為他想這麼做。那一大坨凝結的奶油在畫布上停留了片刻，接著畫下一道油膩的汙漬，悄然掉落在食堂大廳的地板上。

這位丟擲奶油的仁兄在當時受到了極嚴厲的懲罰，但不到 12 月之後，他竟被指派擔任我們的新房長（由舍監挑選出來協助管理寄宿學校宿舍的人）。我的朋友們和我也不是什麼乖乖牌學生，但我們絕對比這位新房長循規蹈矩多了。要說我們對他的派任感到驚訝，這個說法實在是太輕描淡寫了。我會跟你說這個故事並不是因為我仍然對這段往事感到難以釋懷，而是因為無論當年我學校的那些老師知不知道，他們的這個決定都顯示出，他們對心理學中的人格轉變有相當機敏的洞察。

關於人格會隨著生活而有所改變的其中一個主要理論就是「社會投資理論」：你在社會中所扮演的角色，無論是結婚、展開新工作，或是成為寄宿學校的房長，都會塑

造你的人格——尤其是如果這些角色能夠透過某種特定的新行為模式而持續獲得獎勵，更是如此。

　　將房長的責任交給我這位較為目無法紀的室友喬治，是非常聰明的作法。這份額外的責任、相信他能做個好學生的公開表態，以及他必須要遵守紀律才能完成他的職責，這種種加在一起，都增強了他的責任心（事實上，現在的喬治本身就是位教師！）

　　在本單元中，我會給你一個梗概，說明人格會隨著生活出現哪些改變——不止是你所扮演的社會角色，像是結婚或是生孩子，還有你對人生路上各種明槍暗箭所做出的應對，包括離婚或失業等。我將帶你看見，**一般來說，我們會在人生的不同階段中有什麼樣的改變，而通常我們會逐漸成熟，在進入老年之後變得更加圓融。意識到這些變化能夠讓你預先做好準備，利用其中正面的部分，並且儘可能避免負面的部分發生。**

　　你並非兩手空空而來。並不完全是你所做的事以及發生在你身上的事造就了你這樣的人。你的人格來自於你的經歷與基因的結合：事實上，人與人之間的人格差異，有30%到50%是來自於父母遺傳的基因，而剩下的才是來自於個人不同的經歷。

　　當我們談到這兩股塑造人格的力量時，其實兩者之間並不是完全沒有關係的。你與生俱來的特質，也就是由基因所賦予的部分，有點像是你人生的原廠設定，所以它們也會塑造出你所處的各種狀況。舉例來說，我們有理由認

為，如果你的基因傾向於外向，那麼你有很大的可能性會花許多時間在社交場合中（而這麼做又會讓你更加外向）。如果你的基因傾向於心態開放，你就很有可能會去閱讀並探索各種新想法及觀點，而這也會讓你的心態更加開放。隨和度高的人傾向於讓自己身處愉快的情境中，再加上，他們有足夠的技巧化解紛爭，因此也更容易成為友善且好相處的人。以這個方式來看，就算是對人格影響再微小的基因，都會對你將擁有什麼樣的經歷，帶來如滾雪球般的影響。

在我們深入瞭解成人時期的人格發展方式之前，讓我們先倒帶回去，回想想在嬰兒以及孩童時期的你，擁有什麼樣的人格。特別要注意的是，當時有哪些因素影響了你，以及小時候的你和現在這樣的你之間，有沒有什麼樣的關聯？

你的原創故事

有了在上一個單元得到的人格評量分數，你可以比較瞭解現在的你有著什麼樣的人格特質。意思也就是，每個人的生活中都有一條連貫的線索引導著我們。甚至當你還是嬰兒時的行為，都能夠顯示出你長大之後會成為什麼樣的人。

嬰兒還沒有完全形成所謂的人格。與其說是人格，心

理學家討論的是嬰兒的「氣質」，而氣質是根據三個特質來定義。「奮力控制」（effortful control）是嬰兒集中注意力與抗拒分心的能力，舉例來說，可以持續玩一種遊戲，而不會一下子就想換玩具或手上在玩的東西（這就像是早期的成人責任心）。還有一項是「負面情感」（negative affectivity），主要指的是寶寶有多常哭、多容易受到驚嚇以及感到沮喪（這很明顯就是成人情緒不穩定性特質的預兆）。而最後一項就是「騰動性」（surgency），這和努力、社交性及精力程度有關，也就是寶寶版本的外向性。

　　你的嬰兒氣質絕對不是你註定的命運，但卻可以看出其中有些部分讓你成為「你」。近期的一份俄羅斯研究就在找尋同一個人幾個月大時的氣質，與他 8 歲時的人格之間的關聯性，而這些關聯性都是由他們的父母來評量。他們發現了一些驚人的一致性。舉例來說，在嬰兒時期精力旺盛且較常微笑的孩子，到了 8 歲時情緒也比較穩定。同樣地，精神比較集中、比較專心的嬰兒，長大後會成為把自己的臥房整理乾淨，並準時去上學的孩子。但也有些地方並不相符；舉例來說，比較愛笑、好動的嬰兒，在長大成幼童後，並沒有特別外向。

　　越晚評量孩子的人格，就會發現他成人後的人格與幼時的關聯性越強。研究人員比較了超過 1000 位 26 歲成人的人格分析（所有受試者全都在 1972 或 1973 年出生於紐西蘭旦尼丁）與這同一群人在 3 歲時的行為分析，他們發現許多驚人的一致性。舉其中一個例子來說，「有自信」

的孩子長大後成為非常外向的人，而膽怯的孩子則是變得很內向。

　　雖然並非絕對不變，但你早期的行為、想法，以及與世界連結的方式，還是會產生深遠的影響。你可能有聽過心理學家華特・米榭爾（Walter Mischel）最具代表性的棉花糖實驗。他找來小孩子進行一場挑戰，看看他們是否能夠在他離開房間的 15 分鐘內，忍住不吃掉他放在他們面前那一塊讓人垂涎欲滴的棉花糖。如果等到他回來時棉花糖沒有被吃掉，孩子們就會獲得獎勵，可以一次吃兩塊棉花糖。長大後，那些在米榭爾的實驗中展現出強大自制力（也表示在奮力控制這項氣質特質中獲得高分）的孩子，他們的健康較為良好，在學業、事業和親密關係上，也都有更好的表現。同樣地，盧森堡的研究人員近期比較了數百人 11 歲時由老師在責任心這個項目上所給予的評分，發現分數越高，他們在 40 歲之後的事業發展得就越好，其中包括了地位、收入和工作成就感。

　　現在，讓我們來看看你的童年經歷——你的父母、手足和朋友——是如何打造了你在人生初期階段的人格。

你的父母

　　「他們把你搞砸了，你的老媽和老爸。」詩人菲利普・拉金（Philip Larkin）如此寫道。這是個很嚴厲的評語。事實上（除了虐待之外），現代心理學認為父母親對孩子的影響力驚人地低。我之所以會說「驚人」是因為，現在有

一整個為了父母而建立起的龐大產業，提供各種養育孩子時什麼該做或什麼不該做的建議。然而，借用發展心理學家艾莉森・高普尼克（Alison Gopnik）的比喻，我們不應該把養育小孩看作是在對動物進行高強度訓練（雖然有時候感覺起來確實如此），而應該更像是園丁溫柔地照顧她的植物，「提供一個肥沃、穩定、安全的環境，讓各種不同的花朵能夠盛放。」

　　想想你自己的父母。他們是不是試圖控制你所做的一切？他們管控到什麼樣的程度？他們是不是隨意侵犯你的隱私？他們是不是在情感上對你很冷漠？他們是不是從來沒有稱讚過你？如果以上四個問題的答案皆為「是」，那麼你的父母應該是掌控欲很強、很冷酷的人。再回想看看：你的父母是不是對你疼愛有加？他們會不會常跟你說話？他們是不是會鼓勵你去嘗試，但會設定好界線，有時候也會阻止你去做你想做的事？如果是，聽起來他們比較屬於可信賴的權威型父母，而這通常也被認為是對孩子較有益處的類型。

　　研究顯示，權威型爸媽的孩子比較能夠掌控自己的情緒（他們應該都能順利通過米樹爾的棉花糖測驗），在學校的表現也比較優秀，而且一般來說，行為上通常也不太會有問題，舉例來說，他們不太會在學校裡惹事生非。而就人格上來說，我們可以說這也代表了他們的情緒不穩定性程度較低，責任心和開放性則是較高。如果你去看那些成人對父母養育他們的記憶的研究，也會出現類似的結果：

那些比較沒那麼幸運、說自己的父母很冷酷且控制欲很強的人，他們的情緒不穩定性分數較高，而責任心的分數則是較低。

教養方式同樣也與毅力的養成有關，這個概念在過去幾年中獲得多方的重視，因為有理論聲稱，「毅力」就是人生得以獲致重大成功的祕訣所在。毅力其實與責任心息息相關。毅力跟是否擁有熱情與堅持有關——換句話說，就是只專注在一個或幾個特定的目標上，並擁有意志力及全心的付出，朝目標邁進。費城大學的心理學家安琪拉‧達克沃斯（Angela Duckworth）在她最具代表性的著作《恆毅力》（*Grit*）中提出，**給予孩子高度支持的同時也會做出嚴格要求，敦促孩子達到目標（她稱之為「智慧型教養」）的父母，他們所教養出的孩子通常都會具備恆毅力這項特質。**

另外一個值得記住且很有意思的概念是，談及父母對我們人格的形塑帶來多少影響時，別忘了，我們之中有些人對這些影響的敏感程度會比其他人更高，無論這樣的影響是好還是壞。小兒科醫師湯瑪斯‧波伊斯（W. Thomas Boyce）與心理學家布魯斯‧埃利斯（Bruce Ellis），在他們 2005 年發表的一篇指標性論文中提出了一個絕妙的名詞：「蘭花小孩」（orchid children），用以形容那些在遭受嚴峻對待時特別容易枯萎，但在受到細心呵護與關注時，則會綻放出絢爛花朵的孩子。而那些比較不敏感，且無論父母教養方式是好是壞都不會受到太大影響的

孩子，則是被他們形容為是：「蒲公英小孩」（dandelion children）。

我們來看看下方擷取自高敏感小孩量表中的陳述有哪些是你認同的；你認同的陳述越多，就表示你是蘭花小孩的可能性越高：

- 同時要做好幾件事會讓我感到不開心。
- 我熱愛美味的東西。
- 我會發現周遭環境中很細微的變化。
- 我不喜歡很吵鬧的聲音。
- 有人在觀察我的時候我會很緊張。而且這會讓我的表現有失平常的水準。

如果你認為自己具有蘭花的特性，而你的父母則是傾向於威權式或更糟糕類型的父母，我衷心為你感到難過，但我希望這同時也是一股激勵的力量，想想如果你在正確的環境下長大，那麼你一定已經茁壯成長並大放異彩。長大成人的你應該已經更能掌控自己所處的狀況和文化，並且給予自己機會發揮自身的潛力。

你的手足

另外一個很常被討論到的議題就是，你的人格會受到在家中排行的影響。身為心理學家同時也寫作這個議題的凱文・萊曼（Kevin Leman）寫道：「你唯一可以用你的

薪水來打賭的事情就是，不管在哪個家庭中，排行老大和老二就是不一樣。」最常見的爭論是，在家中排行老大的小孩會得到父母全心且某種程度上緊張兮兮的關注（因為這是他們的第一個孩子），而這會形塑出孩子的責任心；相反地，比較晚出生的孩子則是會被人嘲弄說他們胸無大志，而且總是在尋求關注。

這些看法在直覺上很有說服力，同時還有許多坊間傳聞的佐證。我們先來看看，美國歷任前總統就有非常高的比例都是長子，在 46 位前總統中就占了 24 位，包括喬治·布希、吉米·卡特、林登·詹森，以及哈利·楚門。更近期的則有比爾·柯林頓，他也是長子，還有巴拉克·歐巴馬，他被當作是長子養大（他有幾個比他年長的同父異母手足，但並沒有一起生活）。而在世界上其他地方，像是歐洲的領導人物安琪拉·梅克爾以及艾曼紐·馬克宏，他們也都是家中的第一個孩子。另外像是太空人，在最早被送上太空的 23 位太空人之中，就有 21 位是長子／女 13。在商業領域也是類似的狀況，雪柔·桑德柏格、梅麗莎·梅爾、傑夫·貝佐斯、伊隆·馬斯克，以及理察·布蘭森等等，信手捻來這幾位知名的執行長，也全都是家中的第一個孩子。

儘管如此，長子人格的這個說法，在 2005 年所發表的兩篇論文中，卻被非常有說服力地打破了。這兩份研究調查規劃得比之前其他的研究都要精細。之前絕大多數的研究都是靠手足之間互評彼此的人格，這種方法的可信度其

實並不是很高。新的研究在規模上同樣也很大。其中一份關於人格特質與出生先後順序之間關聯性的研究，受試者超過了 2 萬人。另外一份研究則是有將近 40 萬人參與。總而言之，這兩份新研究發現坊間傳聞的種種證據誤導了大家，出生的先後順序與人格之間的關聯性其實非常低，或者說微不足道。「結論是必然的，對人格的養成來說，出生的先後順序並不是重要的因素。」美國人格學專家蘿迪卡・達米恩（Rodica Damian）如此說道。

雖然出生的先後順序與人格養成之間並沒有重要的關聯性，但手足之間的年紀差距可能就有關聯了。這裡指的是兄弟姐妹之間彼此出生的差距大小。近期一份英國研究在 42 年間，針對超過 4 萬名出生於 1970 年代的受試者反覆進行人格測試，而所有受試者都有一位比他們年長的手足。這個研究顯示，手足間的年齡差距越大，年紀小的那位弟弟或妹妹，就越可能擁有內向、情緒不穩定的人格。

至於為什麼年齡差距會帶來這樣的影響，荷蘭馬斯垂克大學的研究人員認為，手足之間的年齡差距越小越好，因為他們能夠一起玩耍和相互比較，而且他們也比較能夠同時獲得父母的關注和教導（其他研究的結果也與此一致，有多位手足的學齡前小孩，理論上會在心智測驗上有較好的表現，而心智測驗的目的是為了評量孩子從他人角度來思考的能力，這也是隨和人格的關鍵部分）。馬斯垂克大學的研究人員甚至大膽建議政府可以考慮鼓勵人民縮短孩子之間的年齡差距，舉例來說，透過提供父母育兒

假等相關激勵措施，讓他們能夠養育出適應性更高的下一代。然而，有鑒於之前廣為大家接受的家中排行影響人格的理論，已經被近年來更精確的研究拆穿，我們最好還是謹慎看待這個年齡差距的新研究發現，等到有更多證據之後再說。

如果你沒有兄弟姊妹呢？對於獨生子女一直以來都有個廣為流傳的負面成見：因為擁有父母全部的關注，而且他們不需要分享，所以會變得既驕縱又自私。當然這個說法太過於簡化，但是——儘管我很不情願承認，但我自己就是獨子——不得不說，這其中確實有它的道理在，至少根據中國的研究顯示的確如此，而中國是個多年來執行一胎化政策以控制人口數量的國家。一份研究比較了在中國實施一胎化之前與之後出生的人，他們的人格特質與行為傾向，結果發現，在一胎化之後出生的這個獨子族群，比起之前的族群更為「疑心重、不值得信賴、不喜歡冒險、競爭力低、比較悲觀，也比較缺乏責任心。」

而在另外一份研究中，中國研究人員掃描了志願受試者的大腦，他們全都是小孩，其中一些有手足，掃描完之後，再讓受試者接受人格測驗和創意挑戰。身為家中獨子的孩子在親和性上的分數，比有手足的孩子低了非常多（他們形容自己比較不友善、沒有同情心，而且也比較不懂得無私奉獻），而這似乎跟他們大腦前額葉的灰質較少有關，而灰質會影響到我們如何看待自己與他人之間的關係。

從好的一面來看，獨子在創意挑戰上的表現比其他人要好，而這也包括了利用紙箱做出各種別出心裁的用途。所以或許兒時獨自一人玩耍不利於發展溫暖和社交的性格，但卻可以幫助養成更富創意的心智。（這與我的個人經歷正好不謀而合。我小時候會花好幾個小時的時間，用我的玩具來設計非常複雜精細的遊戲。）

你的朋友

流行心理學大肆強調教養方式及出生順序會對人格產生重大的影響，但其實你幼時的朋友關係，可能反而會對你的人格有更大的影響。確實，我們再來看看雙胞胎與養子的研究，這個研究顯示出教養方式對人格養成只有很小的影響，同時也顯示出環境影響（意即非基因的影響）也不大，最重要的是我們每個人所擁有的特殊經歷，而非我們與手足互相分享的生活經驗。

為了測試幼時友誼所帶來的影響，近期密西根州立大學的研究人員找了一組觀察員，讓他們分別在 10 月和 5 月這兩段期間進教室觀察。這群觀察員會對兩班學齡前的孩子——其中一班是 3 歲的學童，另一班則是 4 歲的學童——進行氣質以及他們都跟哪些孩子一起玩的評量。研究結果相當有趣，**孩子們會從他們最常一起玩的朋友身上學到類似的特質，尤其是對方所展現出的正面情緒，以及對方在玩耍與互動方式中所展現出（或沒有展現出）的規劃與控制衝動的能力。**舉例來說，花了許多時間跟快樂、行為良好的朋友一起玩的孩子，在幾個月之後的觀察中，也

比較會展現出快樂與良好的行為。這也與人格具有可塑性的概念一致，而同樣值得注意的是，絕大多數的學童都會在上學期間展現出一定程度的人格特質轉變。「人格發展具備了動態的本質，最早從 3-5 歲之間就有跡可循。」研究人員如此說道。

同儕對我們人格的重要影響一直持續到進入青春期依然不變。一項有史以來規模最大的研究，內容為調查那些協助生活出現困難、有反社會行為的青少年的介入措施，結果發現，比父母的行為或老師的努力協助更重要的是，這些青少年都與哪一類的朋友在一起：跟個性隨和、有責任心的好友在一起，是確保任何一種組織性措施都能發揮效用的關鍵。**在剛成年的時期也是一樣，研究顯示，在 20 幾歲時，人們傾向於尋求與朋友相同的特質；舉例來說，有外向特質極為強烈的朋友，就會增加你自己的外向程度。**

回想你自己的朋友關係。你最好的朋友是個叛逆的人，還是個熱愛工作的人？你是不是很投入一群喜歡冒險、實驗、挑戰規則極限的朋友之中，又或者你的朋友是一群很有目標又自律甚嚴的人？當然，一定程度上，你的人格也會對跟你玩在一起的朋友帶來影響。然而，友誼這件事情有很大一部分全然是運氣和便利性的問題（1950 年代的經典心理學研究告訴我們，「距離遠近」扮演了很關鍵的角色：你跟隔壁鄰居小孩交朋友的機會，遠遠大過於跟兩條街之外的其他小朋友）。**回溯這些幼年時期的朋友**

關係，有助於你更清楚自己今日的人格是如何成形：你朋友們的人格特質也在你身上留下了痕跡。

試煉與磨難

　　童年時的天性跟你長大後的性格並不完全吻合，其中一個原因就是你得經歷青春期這個小問題——這是人生中一段騷動混亂的時期，因為我們正在尋找自我，再加上通常此時人格會出現劇烈的變化。

　　證據顯示，**在青春期初始，人格會稍微退化一些（許多父母都能對此指證歷歷），意思就是，有些青少年會暫時無法控制自己、變得不喜歡社交、缺乏開放的心態**——說青少年多愁善感雖是陳腔濫調，但某種程度上確實有幾分道理，因為這時的他們大多寧願獨自一人關在亂七八糟的房間裡聽音樂，也不願和朋友出門四處玩耍。此外，通常這時女孩們都會開始出現暫時性的情緒不穩狀態，而男孩子則不會。心理學家到目前為止還無法為這個性別上的差異找到確切的原因，不過他們的想法是，青春期初期對女孩子來說，可能是個觸動情緒的開關，又或者是女孩子比男孩子更難從父母或其他人身上獲得所需的支持。

　　無論你的性別為何，當青春期進入尾聲，即將邁入成人階段之際，你的人格很可能會開始再次變得成熟：平均來說，這個年紀的人通常情緒會變得和緩，並展現出更高

的自律及自制力。而即便你已經成人，你的人格還是會繼續成熟下去。為了調查人格終生的變化，心理學家針對不同人生階段的人，進行人格側寫的比較。近期一項令人印象深刻的研究，比較了超過 100 萬位年齡介於 10-65 歲間的志願者。團隊在同時也進行了許多研究，在多年甚至長達數十年之間，持續評量同一群人的人格。

　　無論採用的是哪一種研究方法，研究人員都會發現同樣一件事：當人年紀大了之後，他們通常會變得比較不焦慮也比較不會喜怒無常，而且他們會變得更友善、更有同理心，但不好的一面的是，他們也會變得比較不外向、不喜歡社交，心態上也變得較固執。而在成人之後的青壯年期，通常自律和組織能力都會增加，在中年時達到巔峰，接著再次衰退，有部分可能是與所謂的安逸生活效應有關──也就是進入人生後半段時，肩上的責任與負擔都減輕了的關係。

　　用人格科學的專業說法來說，隨著年紀增長，你的情緒穩定度和親和性會增加，但你的外向性和開放度會降低（責任心通常最早達到高峰，接著一路往下掉）。為了瞭解你自己的人格發展，這些典型的模式很值得牢記在心。現在回頭看看你在第一單元的人格評量中得到的分數，再想想有哪些人格特質是你希望改變的。

　　舉例來說，如果你是位年輕女性，希望自己的情緒能夠更穩定、責任心能夠更強，那麼恭喜，你會發現，等到中年成熟之後，很自然就會演變成這樣的狀態（也就是

說，你不需要採取任何明確的步驟來改變自己你的人格特質）。而如果你刻意努力去改變自己——舉例來說，使用本書後面建議的方法——那麼只能說其實你只是順隨著年齡增長而有了改變。相反地，如果你是位銀髮族，而且對自己能夠保持心態開放這件事很自豪，那麼，你在上了年紀之後，通常這個特質會越來越不明顯，知道這件事也會對你很有幫助。

以上這些都是你可以預期在一生中會出現的廣泛性的人格特質變化。但那些更特定的經歷，舉例來說：離婚、結婚、失業以及喪親，對人格所造成的衝擊又會是如何呢？

人生中像離婚一樣讓人惶惶不可終日的事件並不多。多年來心中一直認定的「我們」，卻因為離婚而必須在一夕之間改變這樣的身分認同。據說伊莉莎白‧巴雷特‧白朗寧（Elizabeth Barrett Browning）曾對她的丈夫羅伯特‧白朗寧（Robert Browning）說：「我不單單只是愛你，我也愛跟你在一起時的我。」毫不令人意外，心理學家發現，離婚是能對人格特質造成影響的人生重大事件之一。就拿身為前龐德女郎的超模莫妮卡‧貝魯奇（Monica Bellucci）和她的法國演員丈夫文森‧卡索（Vincent Cassel）為例，他們是名符其實的郎才女貌，歐洲版的布萊德‧彼特與安艾潔莉娜‧裘莉。但是，在相處 18 年、結婚 14 年，共同演出至少 8 部電影之後，他們在 2013 年宣布離婚。

　　就跟一般人一樣，婚姻失敗對貝魯奇和卡索來說也是個打擊。貝魯奇說，離婚逼得她不得不「更有條理、更腳踏實地」；以人格特質來說，也就是變得更有責任心，同時也不再那麼情緒不穩定性。「以前的我純粹就是個情緒化的人。」她在 2013 年的一次訪問中這麼說。「現在我已經邁入 50 歲，卻開始發現自己新的一面。」與此同時，卡索則是從過去與貝魯奇定居的巴黎，搬到了里約熱內盧。「到了人生下半場，一個男人又有了不斷重新創造自己的機會。」卡索如此說道。

　　細探究離婚對人格所造成的影響，我們發現了錯縱複雜的結果。一項美國研究分別在 6 年和 9 年之間，對 2000 名美國男女進行了兩次人格測驗。在研究期間內經歷離婚的女性，出現了個性變得較為外向，對各種體驗的心態也更加開放的傾向，這或許是因為她們發現，離婚是個釋放自我的經歷（儘管這與貝魯奇在離婚後對自己性格變化的描述不太相符，但有報導記載她曾說，在離婚後她「覺得重新活了起來」，同時感到「精力充沛」）。相反地，在這項研究中經歷離婚的男性，在性格上出現的變化則顯示出他們似乎情緒較不穩定，而且責任感降低，就好像是過去的婚姻關係提供了一個支撐和框架，而現在的他們完全找不到可以依循的憑據。

　　其他一些研究則是揭露了不同的模式。舉例來說，一項德國研究對 500 名男女施測，結果發現，離婚通常會讓人的外向性降低，或許是因為當婚姻破裂後，有些人會失

去與配偶一起結交的朋友。不過，另一項調查了超過 1400
名德國人的研究卻發現，離婚會讓男人在面對不同經歷
時，抱持更為開放的心態，而這與文森‧卡索離婚後搬到
巴西，並深信自己擁有重生的機會似乎不謀而合。

　　對離婚所進行的研究呈現出我們可以如何運用人格異
變這門科學，來預測人生重大事件可能會帶給我們帶來的
影響。前述的德國研究發現離婚後的男女多有變得較內向
的傾向，這就是個很好的例子。如果你不幸地也經歷過離
婚（或是其他重要的關係破裂），甚或是此刻的你就正處
在這樣的磨難之中，那麼，你很可能會在這個人生階段變
得內向，但如果此時的你能變得更樂於敞開心房往外走，
將會對你更有幫助；知道這一點對你也未嘗沒有益處。

　　確實，其他研究也顯示出，無論是因為離婚或其他原
因而感到孤單寂寞，都會對人格產生這類的不良影響。還有
另外一項超過 1 萬 2 千人參與的德國研究也發現，打從研究
一開始就認為自己孤單寂寞的人，也比較會在研究結束時，
呈現出外向性和親和性比一開始時更為低落的傾向。

　　其實這並不令人驚訝，因為**其他關於寂寞的心理效應
研究也顯示，孤單寂寞會讓我們對社交上的輕視和拒絕變
得高度敏感**。這大概也是演化所留下的痕跡；某種程度的
偏執可以給我們的祖先，也就是那些發現自己孤單生活在
這個危險世界中的人一些優勢。但很不幸的副作用是，孤
單寂寞的人會比其他人更快發現拒絕的信號，像是轉身背
對或是生氣的臉，而這些人的大腦對負面的社交形容詞，

像是落單或孤立，也會迅速地產生反應。

　　研究也提出，另外一個完全不同的人生經歷，則會對你的人格帶來更大的影響，那就是失業。如果你和大多數人一樣，那麼工作提供了你一個非常重要的身分認同，同時也建構了你生活中非常重要的一部分。如果你曾不幸地失去你的工作（如果你曾經歷過失業，那麼你應該已經知道那是什麼狀況），你會發現突然之間，所有的時間都是自己的，而你也無法回答在聚會上碰到新朋友時無可避免的那個問題：「你是做什麼工作的？」而這會對你的思考、感受和行為帶來巨大的改變──而你的思考、感受和行為，正是你人格特質的基礎所在。

　　根據失業時間的長短，這件事對你的人格所造成的確切影響很可能也會有所不同。一個由克里斯多弗・博伊斯（Christopher Boyce）所率領的心理學家團隊呈現出了這樣的結果，他們藉由對數千名德國人施以人格測驗的方式來進行研究，前後相隔 4 年。在這段期間內，有 210 人失業後一直沒有找到工作，而另外有 251 人則是在失業後的一年內找到新工作。

　　研究結果呈現出男女的差異：剛失業的男性一開始會變得比較隨和，或許他們正在努力調適自己，並讓朋友和家人對他們有好印象。但持續幾年失業之後，付出慘痛的代價之後，跟有工作的男性相比，他們反而變得更不隨和。失業的男性也會隨著時間的流逝而越來越缺乏責任心。我們可以想像這會以幾種方式表現出來，像是失去上進心、

缺乏專注力、變得懶惰且沒有動力、不守時，而且對自己的外表也不若以往在意。相反地，遭到開除的女性一開始會變得較不隨和，責任心也會一落千丈，但在經過幾年持續失業的狀態之後，她們慢慢會逐漸復原。研究人員認為，這可能是因為女性能找到新的方式來過日子，也能從認真投入傳統上歸屬於女性角色負責的工作中，找到成就感。

正向的一面是，在研究結束前找到新工作的受試者，跟那些在研究期間一直擁有工作的人相比，在人格特質上並沒有什麼不同，這也顯示出那些找到新工作的人已經從失業的負面影響中恢復了。

讓人擔憂的是長期失業導致男性的人格朝負面的方向改變，這就跟孤單寂寞會降低人格的外向性一樣。較高的隨和度和責任心能增加你找到新工作的機會，但研究顯示，男性失業的時間越長，他們的人格特質分數就會降得越低——這是個令人憂心的負面循環。

值得慶幸的是，生命中的經歷和機會，也一定可以讓我們朝正面的方向改變（想想我那位叛逆的同學在受命擔任宿舍房長之後的成長）。入圍奧斯卡金像獎的演員湯姆‧哈迪（Tom Hardy）比任何人都更瞭解這一點。他是個徹頭徹尾的叛逆小子，從青少年時期就染上了毒癮和酒癮，而這一切在 2003 年來到了谷底，當時 26 歲的他，一夜狂歡後，醒來時發現自己躺在倫敦蘇活區的水溝裡，全身沾滿了自己的嘔吐物和鮮血。從那天之後，他下定決心改頭換面，並成為好萊塢最認真也最受敬重的演員之一。對

此，他把自己一路上能出現各種機會的功勞獻給他的工作：
「演戲是我會做的事——也因為我發現自己對演戲還蠻在
行的，所以我希望盡力投入我的時間和精力去做。到現在，
我很幸運能夠以此維生；我熱愛演戲，而且每天都能從中
有所學習。」

　　哈提的經歷與工作對人格會產生正面影響的研究結果
一致，也顯現出與失業所造成的有害影響正好相反。年輕
人開始第一份工作時，相較於尚未工作之前，他們的責任
心會暴增。**心理學的解釋是，工作會對我們有所要求，而
這些要求會形塑我們的思想、感受和行為，經過一段時間
之後，我們就會改變自己以達到這些要求。**對絕大多數的
工作來說，這就代表我們需要更有條理、更自律，也更能
控制衝動的念頭——而這些都是組成責任心這個人格特質
的成分，也是幫助我們能在準時完成工作之際，同時也與
同事和客戶建立良好關係的特徵。研究也顯示，升遷也和
第一份工作擁有類似的影響力：假設對某個角色的要求提
升，這些要求也會再次促使我們去適應，進而使我們的責
任心更強，對各種體驗也抱持更開放的心態。

　　另外一個主要且通常令人開心的重大人生事件就是，
開始與伴侶共同生活，而這其中有些人會在接下來攜手步
入婚姻。關於同居這件事，在異性伴侶中持續不變的發現
是，男性會在同居之後會變得更有責任心，這或許是因為
希望自己能夠符合另一半對整齊乾淨的期待（女性平均來
說責任心都較強）。

　　那麼婚姻又會帶來什麼影響呢？任何一個單身並曾在晚餐聚會中被一大群已婚人士包圍的人，都可能不禁會想，「定下來」這件事在某種程度上是不是就是要扭曲自身性格好讓別人能自我滿足呢？（就如同在電影「BJ 單身日記」中的一幕，布麗姬被一群自以為是的夫妻團團圍住，裝模作樣地關心她的單身狀態。）心理學家無法完全答覆這個問題，但在另外一項德國研究中，研究人員在 4 年之間觀察將近 1 萬 5 千人的人格變化，他們發現，在這段期間內結婚的志願者，外向性和開放心態都有下降的趨勢——這是鐵一般的證據，證明婚姻會讓人變得至少比結婚前更無趣一些。

　　同樣也有證據顯示，婚姻是某些特定人格技能的訓練場域，尤其是自我控制和原諒的能力，可以想見的狀況大概不外乎是那些你為了避免爭吵而必須咬緊牙關忍耐的時刻，或者是當另一半把髒碗盤都留給你洗，又或是他在跟隔壁鄰居調情搞曖昧的時候，你還能用寬容的眼光來看待。這是德國心理學家在請超過兩百對新婚夫妻在剛結婚時填寫問卷，並在之後的 4 年每年再填寫一次後，所發現的結果。這些結了婚的志願者在自我控制及原諒這兩項人格特質上，都有改善的跡象；事實上，他們在自我控制上所呈現出的改善，跟那些參與增進自我紀律訓練課程的人相去不遠。

　　當然，婚姻對人格的影響，在某種程度上也會根據你的伴侶的人格和行為，以及你們之間關係發展的軌跡而有

所不同。另外一項針對近 500 名年齡在 40 多歲的母親所
進行的研究,則是反覆評估她們在 6 年間的人格變化,該
研究發現,那些表示自己每天都有得到來自伴侶(以及／
或他們的孩子)的愛和支持的母親,也會在自身的親和性
和開放性上有所增長,同時她們的情緒不穩定性也會隨著
時間而逐漸降低。這是你的人格如何依據你所處的狀況而
演化並適應的另一個例子。

　　不幸的是,人生中同樣也有一些令人不開心的事件,
會對你的人格帶來不一定是正面的影響。對我來說,我人
生中最開心的一刻,是 2014 年 4 月一個陽光燦爛的日子:
我的雙胞胎在那天誕生。這兩隻小野獸(一男一女)帶給
我無法言喻的驕傲和喜悅,而盡我一切所能照顧好他們,
這件事也重新定義了我的人生意義。這給了我一個明確的
目標和方向,而這是我之前所沒有的。但自從 4 月的那一
天開始,生活開始變成一場狂亂的旋風;這麼說應該還算
是公允。現在再回頭看還沒有生小孩之前的生活會覺得很
有趣,而且不禁會疑惑,那時我跟我太太空閒的時候到底
都在做些什麼呢。需要不斷付出我們的自由、育兒的焦慮,
以及責任的重擔,這一切都是挑戰。

　　或許正是這些挑戰,尤其是希望能夠成為理想中的好
媽媽或好爸爸的壓力,可以解釋為什麼研究發現,為人父
母對人格會帶來反面的影響,特別是與自尊心(屬於情緒
不穩定性這個人格特質的一個面向)有關的部分。舉例來
說,在近期的一項研究中,超過 8 萬 5 千名挪威的母親在

懷孕時期，以及生下孩子之後的 3 年內，分別填答了好幾次問卷。如同你可能會預期的，絕大多數的女性在小孩剛出生的前 6 個月內都忙得焦頭爛額，而這段期間內她們的自尊心都有增強的趨勢。但在接下來的 2 年半內，她們的自尊心越降越低。好消息是，這並不會是永久持續的狀態。其中有些母親參與了不止一次的問卷調查，而當她們在生產過後數年再次填寫問卷，她們的自尊心程度通常都會回到一般正常的狀態。

然而，另外一項有數千人參與的研究也發現類似的結果，為人父母似乎會對人格產生負面的影響，包括責任心和外向性都會降低。外向性會降低這一點不難理解：當你的睡眠遭到嚴重剝奪，還有個嬰兒隨時需要你的關注時，要熱愛玩樂並具有社交性是很困難的事。但對責任心造成負面影響這件事就實在令人費解了。你會以為生養小孩這麼重大的責任會讓人的責任心激增，就如同找到工作和獲得升遷時一樣。一個比較能接受的解釋是，孩子的需求實在太過龐大而且令人手足無措。

最後，無可避免且通常會讓人痛不欲生的喪親經歷，又會對人格帶來什麼影響？艾瑪・道森（Emma Dawson）在衛報上一篇令人動容的自述文中，描述了她在年僅 32 歲的妹妹過世後，所經歷的哀傷，那不像是波浪湧來，而更像是「被一列巨大的貨運火車輾過你的靈魂」。她記錄下「那感覺就像是有人把你所有的一切都拿走了——你的肺腑、你的心臟、你的氧氣、你的整個存在」，而她也詳

細描述了那種孤立（來自於拒絕和朋友交談）、焦慮（包含想到她自己的死亡）、罪惡感（她沒有保護好妹妹），以及憤怒（舉例來說，因為她看到 3 歲的小孩亂扔過世妹妹的東西而感到難過，因此被觸發）。

在喪親之痛對人格特質的影響這方面，令人意外的是，系統性的研究其實很少。在曾進行過的少數幾項研究之中，有些研究發現，跟對照組的參與者相比，喪親者的人格變化並沒有標準的模式，或許這是因為喪親之痛所造成的影響實在太過多樣且複雜，以致於尚未找出任何一致的人格影響。有項研究找到證據顯示，在經歷失去後情緒不穩定性的特質會增強，而這也與艾瑪·道森所描述的焦慮和憤怒不謀而合。近期，德國的研究人員追蹤了同一群人數十年之久，發現人們在失去伴侶後，會產生一系列與喪偶相關的人格變化。舉例來說，在失去伴侶前，人們都會展現出外向性增強——可能是因為與照護伴侶，並與專業醫療人員進行溝通有關——而在伴侶過世後，外向性就逐步降低。不令人意外的是，情緒不穩定性的程度也會逐漸增加直到伴侶過世的當下，但在幾年之後，情緒就會重新恢復穩定。這些發現也為人格與經歷之間的動態相互關係，提供了另一個清楚明白的例子。

人生並非全然隨機

人生事件與人格之間的相互關係並非全然是單向的：你的生活經歷固然會形塑你的人格特質，但於此同時，你

的人格特質同樣也會影響你的生活方式。瑞士研究人員近期檢測了數百位受試者的人格，然後在 30 年間陸續對他們進行 6 次的面談。他們發現，具有某些人格特質組合（特別是情緒較不穩定且責任心較低）的人，他們在研究期間內不只較容易出現憂鬱和焦慮的狀態，也比其他人更常發生分手和失業的情況──這些都是我們常見較容易反饋，同時形塑我們人格的的痛苦經歷。

在所有人格類型中，親和性極高的人通常都是最懂得形塑個人自身經歷的類型。這也解釋了為什麼他們看起來總是心情很好。研究人員近期在心理學實驗室中也確認了這一點，他們使用的方法是，計算受試者在看一組組內容是正面或負面的照片（比方像是可愛嬰兒，或是骷髏頭的照片）時，分別花了多少時間，接著再請他們在一系列活動中挑選出他們覺得愉快及不愉快的活動，比方說聽一場關於烘焙或人體解剖的演講，又或是觀賞恐怖電影或喜劇。相較於其他人，親和性高的人呈現出一致的模式：他們都喜歡接觸正面的情況和體驗。

所以，你的人格特質很明顯地會影響你所經歷的體驗。它們也會影響你回應這些經歷的方式。想想婚姻。數十年來的研究發現，儘管在套上婚戒時通常都會感受到暫時性的幸福感飆升，但隨著新婚夫婦開始調適眼前的新生活方式，這種感覺很快就會消退。然而，近期有項研究發現，這並非一體適用於所有人。我們常會說有些人是當個好丈夫或好妻子的「料」（而其他人似乎比較適合單身生

活）。與此觀點一致，一項 2016 年發表的研究發現，對
某些人來說，婚姻確實為他們帶來了持續的幸福感：特別
是對那些責任心高並內向的女性，以及外向性高的男性，
他們對婚後的生活滿意度持續增加，這很可能是因為他們
的新婚姻生活型態跟他們的人格類型很契合的關係，不過
這一點仍有待未來的研究來驗證。

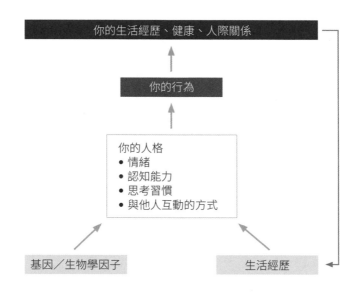

人格會形塑生活的樣貌，同時也受到生活的形塑。藉由選擇改變你的行為、習慣和常規，
就有可能改變你的人格特質，進而影響你之後將會過的生活。

　　我希望本單元提供了生動的概念，讓你知道你的人格
是如何持續地打造著你的經歷，同時也受到經歷的打造。
下一個單元，我會聚焦在生活中非常普遍，但對人格卻具
有格外重大影響的一種經歷上：腦傷以及心理與生理疾

病。受傷和疾病會引發非常戲劇化且永久的人格改變，也因此深入考量它們所造成的影響是非常重要的事。

　　不過，在我們繼續看下去之前，先花個幾分鐘再次思考一個規模更大的畫面：你的人生故事，以及到目前為止，它是如何形塑了你這個人。

練習：你的人生故事是什麼模樣？

　　從研究中擷取出可以借鏡的課題，並將之應用在會改變我們人格的人生事件上，這件事的困難點在於，沒有任何一項研究能夠完全掌握真實人生中糾結難解的複雜度。除了主要的人生經歷之外，還得考量許多細微隱約慢慢累積起來的影響。重大衝擊並非對我們造成影響的單一因素，其發生前的背景也是影響的因子。我們的過去是段前奏。**重大事件可能會在你某個人生階段中看來特別醒目，但是要真正理解那些形塑出今天的你的力量，你需要好好推敲自己完整的人生故事。**「如果每起人生事件都是一顆星星，那麼我們的人生故事就是一個星座。」心理學家塔莎・歐里西（Tasha Eurich）在她的暢銷書《深度洞察力》（*Insight*）中如此寫道。

　　你可以在這裡利用寫作練習來回顧你的人生故事。你寫作的方式會揭露出你自己人格的美妙之處，以及它們如何藉由你所經歷的事情來打造你這個人。就如同第一個單

元結尾的人格測驗以一系列的特質分數來揭露你的人格，回顧你的人生並描述自己的故事，能夠帶給你一種西北大學心理學家丹‧麥克亞當斯（Dan P. McAdams）所謂的「敘事認同」（narrative identity）。

首先，回想你的人生，找出兩個值得關注、足以定義你這個人，或是所謂的「高點」、兩個低點（或是最跌入谷底的經歷）、兩個轉折點（這可以是你所做的決定、與某人相識的情感經歷，或是如同你人生路途中必須二選一的十字路口事件）、兩段兒時的關鍵記憶，最後則是兩段更為深刻的記憶。這麼做的用意是讓你能花時間各用一到兩段的篇幅，寫下以上這十個你的人生記憶場景。寫下這些事件中的人、事、時、地、物、你當時的感受，以及為什麼你會挑選這個事件或場景。

當你完成後，再回頭去讀你所寫下的內容，看看其中是否有一些具支配性的主題──舉例來說：需要滿足的渴望、一直想要有所改進的努力、希望打造新關係的強烈渴求、覺得所有好事逐漸轉壞（心理學稱之為「汙染化歷程」（contamination sequences）），或是剛好相反：挑戰轉而變成機會（也被稱為「積極化歷程」（redemption sequences））。

你敘述中的複雜性和矛盾性是好事，因為這表示它們揭露了你對人生複雜且誠實的看法──簡而言之，更高的自我覺知。矛盾的部分也可以解釋你所做的某些事並不符合你的人格特質，至少表面上看來如此。舉例來說，假設

你人生中的重要主軸是幫助他人，這可能也說明了為什麼儘管你是個內向的人，你還是願意花很多時間和其他人來往。「擁抱〔你人生故事中的〕複雜、微妙與矛盾，這能夠幫助你去欣賞自己內在現實中所有美麗的錯綜複雜。」塔莎‧歐里西在《深度洞察力》中是這麼說的。

不令人意外，研究經常會發現，那些在描述中充滿了較多積極化歷程的人也會更幸福，而那些有較多汙染化歷程的人，就比較容易心情抑鬱（而且在情緒不穩定性這部分分數也較高）。直得注意的是，同類型的事件會以完全相反的方式被回憶。舉例來說，在學校被霸淩回想起來完全就是段悲慘的時光，也是個創傷（汙染性歷程），但這個回憶也可以被當作是讓人變得更堅強，而且最後因此結交到真心也更有意義的朋友的契機（也就是個積極化歷程）。

你描述中的複雜度，也就是各種糾結和曲折的部分，以及你所呈現出的各種不同面向，也是你的開放性的指標，而頻繁提到想要與他人建立關係，這也表示擁有很高的親和性。你說自己故事的方式，就是你的敘事認同，而這幾乎也可以說是你人格的另一個面向，比你的人格特質擁有更高的指標性。要記住一件很重要的事，你的敘事認同，就如同你的人格特質，會隨著時間越來越穩定，但並非堅若磐石不可動搖。

如果你在一年後再做一次這個練習，你可能會發現你的心思會跑到不同的重點事件上去。而如果你重新回顧這

些事件，你可能會從不同的角度來寫它們。確實，如果你之前對某個情況的描述充滿了黑暗的情節和傷心的結果，下一次你可能會刻意地重新架構你所經歷的至少某些部分，將挫敗看作是學習的機會，而過去的波折則是力量的來源。而這就是所謂的敘事療法所關注的重點所在，因為我們對自己的過去抱持怎樣的想法，會影響我們現在的人格，以及接下來會發生的事情的方向。證據顯示，個人敘事越正面，接續而來的幸福感就會越高。「在所有我們說過的故事中，最重要的故事就是我們的人生。」麥克亞當斯如此說道。

改變人格的十個可行步驟

降低情緒 不穩定性	● 花幾分鐘時間寫下過去有什麼艱難的挑戰讓你變得更好。專注在你人生故事中的這類積極化歷程上，這麼做已經被證明可以增進你的復原能力。 ● 花點時間擁抱你的伴侶、朋友或同事（當然，要先獲得對方的同意，並且在目前疫情下採取適當的防護才這麼做）。深情的碰觸對情緒有非常強大的作用。事實上，近期有研究提出，常做愛的人比較快樂的主要原因是，他們比一般人更常擁抱彼此。
增加 外向性	● 你可以加入你居住地的 Toastmasters 分部，這是一個成立於 1924 年的俱樂部，推廣公開演講的技巧。演講顧問約翰‧鮑伊（John Bowe）將之比喻為害羞者的匿名戒酒協會。 ● 規劃在本週內邀約一位同事，看對方是否願意跟你一起去喝杯咖啡，或是跟你打電話或是用 Zoom 視訊聊聊天。有研究表示，內向的人如果採取行動讓自己更外向、更社交，他們會發現自己比預想的更享受這樣的經歷。

改變人格的十個可行步驟（續）

增加 責任心	● 跟朋友約好定期去健身房健身。如果爽約代表了你會讓某人失望，那麼你不按照計畫走的可能性就會降低。此外，如果和你喜歡的朋友一起，很可能你也會更享受上健身房的體驗。順帶一提，如果你跟親密的朋友或親人一起簽名立下誓約，任何你承諾想要改變的行為，都更有可能可以兌現。我們都希望能對我們在乎的人說話算話，而這也會更堅定我們的決心。 ● 讓誘惑你的東西，像是酒或餅乾，從廚房裡消失，做出眼前唾手可得的健康選擇。關於意志力的研究提出，自律的人從一開始就比較能夠拒絕誘惑。
增加 親和性	● 下次再有人惹毛你時，花點時間想想，情況是不是有可能會讓那個人的行為變得更糟。當對象是自己的時候，我們很懂得該如何評斷這樣的狀況，但我們對他人就比較沒有這麼寬大為懷了。 花幾分鐘時間，寫下跟你一起生活或工作的人，你最讚賞他們的特質有哪些。
增加 開放性	● 觀賞一部大自然紀錄片—— BBC 頻道的「地球脈動」就可以了。你所體驗到的敬畏感，能夠讓你變得更謙卑，心態也更開放。 下次打算去餐廳吃飯時，試著換間新餐廳看看。

Chapter 3

那些病理
所造成的改變

當愛麗絲·沃倫德（Alice Warrender）2011 年 2 月
19 日在倫敦富樂姆自治區恢復意識時，她完全不知道是
誰把她從腳踏車上撞下來，又或者是自己不小心自摔。根
據報紙的報導，她很幸運，救護車剛好在附近處理另一件
意外事故。救護人員發現愛麗絲，說服她之後，他們帶她
回醫院做了檢查，而斷層掃描顯示，這位 28 歲的數位公
司老闆，同時也是康橋公爵夫人大學同學的女性，腦袋裡
有一塊血栓。隔天，她進行了超過 5 小時的手術才將血栓
移除。

愛麗絲的故事並不罕見。在英國，每年都有成千上萬
人因為腦部損傷而被送進醫院，而在美國，每年遭遇腦損
傷的人數更是百萬人起跳。在最糟糕的狀況下，腦損傷會
造成死亡，或是讓人陷入昏迷、癱瘓、喪失語言與認知能
力，以及其他的失能狀況。

愛麗絲接下來幾個月艱辛的復健大致上非常成功，儘
管她得忍受許多就算是輕微腦傷都會出現的併發症，包括
了頭痛、記憶障礙，以及極度嗜睡。

不過，愛麗絲在意外發生後還出現了另外一個重大的
影響，而這也是我之所以要在此分享她的故事的原因，那
就是，她的人格出現了戲劇性的轉變，這也是另一個腦傷
倖存者很常會出現的狀況。從生理的角度來看，腦損傷會
導致人格改變這件事其實不令人意外，因為我們的人格特
質有一部分來自於大腦中神經網絡的運作。如果受傷或疾
病改變了這些神經網絡的運作方式或其之間精密的平衡關

係，那麼我們的思考習慣、行為，以及與他人互動的方式
會出現變化，也幾乎可說是無可避免的事了。

　　你或你認識的人會碰上某種導致人格改變的傷害或疾
病的機會非常高，意思也就是說，在人生路途中除了上一
個單元所提到明槍和暗箭之外，身體疾病與損傷等變化，
也是人生故事中另一個形塑我們人格的關鍵。

　　在本單元，我會分享一些人的故事，他們都曾在經歷
了腦傷、失智或心理疾病後，出現巨大的人格改變，我也
會深入探討最新的研究，說明這種情況是如何發生，以及
為什麼會發生。這些故事提供了另一個震撼的課題，讓我
們知道人格的適應性有多高，以及它有多脆弱。

蓋吉「不再是蓋吉」

　　就腦損傷或人格損害的影響來說，可以理解長久以
來，在醫學和心理學史上始終都強調這是負面的影響。的
確，費尼斯・蓋吉（Phineas Gage）應該算是最知名的神
經病學案例研究了，這個案例經常被拿來當作是這種劇
烈、破壞性影響的經典案例。

　　蓋吉是一位富有責任心的鐵路工頭，1848 年，他在佛
蒙特州中部路特蘭與伯林頓鐵道的一次意外爆炸中倖存，
但當時一根長 3 呎半的鐵棒射入他的前腦，把他的腦分成
了兩邊。前腦對許多功能來說至關重要，特別是與人格相

關的部分，像是下決策和控制衝動。不意外地，當時最早參與照護蓋吉的一位醫師，約翰·哈洛（John Harlow）寫下了知名的幾句話：「他的心智有了劇烈的變化，這改變之劇烈，以至於他的朋友和熟人都說他『已經不是蓋吉了』。」哈洛還特別寫道，「曾經身心平衡……機靈、聰明」的蓋吉，現在「陰晴不定……自大不遜」，「對各種限制或他人的建議感到不耐煩」，而且變得「頑固、反覆無常且猶豫不決」。

　　歷史學家最近重寫了蓋吉康復的故事：現在他們相信，他復原得遠比之前大家所認為的還要徹底。然而，哈洛所描述的最初的人格改變，與額葉症候群相符，這也是前腦受傷的人身上經常會看到的狀況。儘管人格並不會以統一的方式受影響，但可能會出現四種變化模式（取決於受損的是哪一條神經迴路）：

- 判斷力變差，無法事先做任何規劃。
- 缺乏控制情緒的能力（包括變得易怒且沒有耐心），以及出現令人困擾的社交行為，像是變得咄咄逼人、不在乎他人感受，或是其他不當的舉止。
- 沒有情緒起伏、變得冷漠無感且出現退縮行為。
- 過度憂慮並有無法應付事情的感覺。

　　這幾種狀況會交互重疊出現，而非完全互不關聯。絕大多數有額葉症候群的人都會出現同樣的問題，像是規劃

能力、不當的社交舉止、憤怒和冷漠，只是每個人的程度不同。而就主要的人格特質來說，這可以轉譯為情緒不穩定性增加，責任心與親和性降低。

在日常生活中，這些改變會以某種戲劇性，但又矛盾的平凡方式呈現出來。就以神經心理學家保羅‧布洛克斯（Paul Broks）對一位中年男子的描述為例，某天，這男子說自己的人生失去了方向，接著他開始動不動就跑去海邊閒晃、沉迷於順手牽羊、為自己買了一把 Fender Stratocaster 電吉他，最後他離開了妻子和工作，自己搬到海邊的度假村去，在酒吧裡工作。這個案例具備了所有中年危機的徵狀，一直到他開始癲癇發作，大腦斷層掃描顯示他的前額葉長了一顆碩大的腫瘤。對於這樣的發展，布洛克斯是這麼說的：「這個腫瘤在暗中做怪，重新調整了他的人格。」

研究也指出，這類改變，像是某人開始表現出他們擁有完全不同的道德觀，對親人和朋友來說是最難接受的狀況。比起人格的其他面向，道德觀更被視為是一個人最核心的真實自我。

令人驚訝的是，有越來越多人認為，腦損傷有時候也會帶來有益的人格改變。而這就是我在本單元一開頭介紹的那位女性，愛麗絲‧沃倫德的經歷。她對《每日郵報》這麼說：「我覺得我變成一個更好的人……我變得更有耐性，而且在情感上也更加開放，我感到一種前所未有的平靜。」換成人格特質的說法，愛麗絲的親和性增加，同時

也因為情緒不穩定性降低而獲益。

隨神經損傷而來的好的人格變化，同樣也可以在洛潔・索德蘭（Lotje Sodderland）令人動容的故事中看出端倪。她是 2014 年 Netflix 紀錄片「我美麗而易碎的大腦」（My Beautiful Brain）的演員和共同導演。2011 年，擔任紀錄片製片人的索德蘭 34 歲，她因先天性血管畸形而中風，此前她一直不知道自己有這個問題。獨居的她起床時感到一陣茫然，她無法開口說話，意識時而清醒時而模糊。一直到在家附近的旅館公廁裡昏倒之後，她才被送進了急診室接受治療。

經過接下來的腦部手術和多年艱辛的復健後，索德蘭的許多基本認知功能都恢復了，而她也能快樂地過生活。不過她也說，雖然她這個人的「本質」跟中風之前沒有不同，但她的人格很顯然在其他方面出現了變化，她必須學著適應自己在情緒上變得更敏感。而就其他方面來說，她對美學的感知也變得更加敏銳（兩者加起來也表示她的情緒不穩定性以及對體驗的開放性都增加了）。

「你所經歷的各種面向都被放大了。」索德蘭對時代雜誌這麼說。「聲音變得更大、影像變得更亮，而情感則是變得更加、更加強烈，所以當你開心的時候，你就是狂喜，而當你悲傷的時候，就像是世界毀滅了一樣，而你完全無能為力。這些情緒的起伏就像是一場狂烈的暴風雨。」

這聽起來似乎不太愉快，但索德蘭找到了方法來調整

自己，現在的她過著她所謂簡單的「修道院生活」。「我喜歡自己的新大腦和新生活。」她這麼告訴《時代雜誌》。「我很感謝自己能被迫重新評估人生的價值，同時簡化自己的生活，找到我可以專心投入的事情，因為我不可能什麼都做。」

撞到頭或是腦出血可能帶來任何有益於人格的改變，聽起來好像有點誇張，像是好萊塢電影才會有的情節（就像在 1980 年代經典浪漫喜劇電影「小迷糊天翻地覆」（Overboard）裡，歌蒂·韓（Goldie Hawn）飾演的那個驕縱的社會名流，在一次遊艇意外撞傷頭之後，變得既親切又富有同情心一樣）。然而，愛荷華大學的心理學家近期首次系統性地進行了跟隨腦損傷而來的正面人格影響調查。他們發現，在 97 位之前健康但後來遭受神經損傷的病人中，有 22 人之後都出現正面的人格改變。舉例來說，有位 70 歲的女性，病人代號 3534，她在切除腫瘤的過程中前額葉受損，跟她結縭 58 年的丈夫描述，之前的她「固執、易怒，而且暴躁」，但是在腦損傷之後，她的個性卻變得「更愉快、更外向，而且更健談」。另一位病人是 30 歲的男性，他在切除動脈瘤的手術中腦部受損，個性也從易怒和「悶悶不樂」變成愛開玩笑、「順從且隨和」。

為什麼大多數經歷腦損傷的人都會出現負面的人格改變，卻有極少數的人會出現正面的影響呢？這個問題不容易回答，但很可能跟遭受的損傷是哪種類型，以及這樣的損傷和這個人在受傷前的人格特質之間，產生了什麼樣的

交互作用有關。我在前面描述的那些由腦損傷所引起的額葉症候群典型特徵，像是冷漠無感和行為解放，對受傷前個性極度緊張、內向的人來說，可能就會有幫助他們冷靜和增進社交能力的效果。

研究發現也指出，當受損傷的是大腦最前面的部分時，比較容易會出現正面的人格改變，而這個部位的大腦與下決策和同理他人有關。意思也就是說，腦損傷會導致這個區塊的神經迴路重組，為心理功能帶來有益的影響。（順帶一提，神經外科有時也會專門針對同一個部位的大腦下手，為那些罹患重度憂鬱症或強迫症的病人進行治療。）

這些病人的故事提醒了我們一個更深層的課題：人格具有生理上的基礎；它不只是個抽象的概念，而是有很大部分取決於我們大腦的設定。此外，這樣的生理基礎與其說是經過燒製的陶土，不如說更像是塑膠。改變通常都是很細微的，但就算是再微小的改變都會隨著時間而積累，而只要想到當你發展出嶄新、有建設性的習慣時，你也可以目標性地開始打造那定義你是哪種人的神經網絡，這會讓人感到充滿力量。相反地，對腦傷的倖存者來說，改變是隨機、突然而且劇烈的。命運之輪已開始轉動，雖然腦傷對人格的影響通常是有害的，但仍是有少數幸運的人會獲得有益的改變。

「他不再是我們認識的那個人了」

深受喜愛的喜劇大師演員羅賓‧威廉斯（Robin Williams）可以說是演藝界中個性最鮮明，也最矛盾的人了。在台上、在眾人面前，他是個超級精力充沛、自由奔放的外向者。不過，他也在 2001 年與詹姆斯‧利普頓（James Lipton）的一次訪談中承認，不工作的時候，他其實很內向、安靜，而且「像塊海綿般吸納周遭事物」。即便考量到他的性格一向反差這麼大，但從 2012 年（也就是他與第三任妻子蘇珊‧施奈德婚後一年，並在 2014 年自殺前兩年）開始，他身邊親近的友人也逐漸察覺到他的人格開始出現轉變。

威廉斯過去曾努力與憂鬱症和酗酒問題奮戰，但 2012 年，在他已經 5 年滴酒不沾並且不再需要服用精神藥物之後，他卻開始出現長期焦慮的症狀。「他不再花那麼多時間待在休息室跟其他演員說話。他越來越無法克制他的恐懼感。」威廉斯的遺孀蘇珊‧施奈德‧威廉斯如此回憶。

從那時起，他的焦慮日漸加深。在隔年的一個秋日週末，蘇珊描述「他的恐懼和焦慮已經滿載到讓人不得不擔心的程度了。」她補充：「我陪在我丈夫身邊已經很多年了，我知道一般當他害怕和焦慮的時候，他會有什麼樣的反應。接下來發生的種種都跟他的個性完全不符。」

於此同時，威廉斯的朋友，喜劇演員瑞克‧奧弗頓（Rick Overton）已經開始擔心哪裡不對勁了。那一年他們還是一起在洛杉磯表演即興秀，奧弗頓還記得，當時的威廉斯在台上時神采奕奕，但在表演完後的夜晚，他就發現他的好友「雙眼黯淡無神」。「我無法想像那有多沉重。」奧弗頓說。「我根本連想都不敢想。」

到了 2014 年，也就是他過世的那一年，威廉斯在人格上的改變更趨惡化。四月時，他在成為他演出的最後一部電影「博物館驚魂夜 3」的拍片現場，出現了全面性的焦慮症發作。他的化妝師雪莉‧敏斯（Cheri Minns）之後回憶，他告訴她：「我已經不知道該怎麼做了。我不知道要怎麼演才會有趣。」他也跟他太太說，他想要「讓大腦重新開機。」

一個月後，威廉斯被診斷出罹患了帕金森氏症，一種進行性神經疾病，主要會出現的症狀是行動困難。但根據他的妻子所說，他很懷疑這就是他出現這些狀況的原因，也無法解釋為什麼「他的大腦完全不受控。」

到了 8 月，威廉斯去探望他的兒子札克和兒媳。根據他的自傳作者大衛‧伊茲克夫（Dave Itzkoff）描述：「他出現在兒子家時，表現得像是一個溫順的青少年，就像是知道自己已經超過規定的回家時間了。」意思也就是說，他完全不是他自己。就這樣，在 2014 年 8 月 11 日，他結束了自己的生命，引用伊茲克夫的話來形容：「讓全世界都籠罩在一片悲傷的陰霾下」。而奧弗頓回憶時這麼說：

「那個時候的他已經不是羅賓了。他已經不再是那個我們認識的人。那個他已經停止運作了。」

　　威廉斯經歷劇烈人格改變的原因，在驗屍之後才變得明確起來：他罹患了瀰漫性路易體失智症（「瀰漫性」的意思指的是已經擴散到他整個大腦），這是一種相對罕見的失智症，只有在驗屍時才能夠確實診斷出來，診斷依據的是發現腦中有蛋白質沉澱，阻礙了腦細胞的功能運作。有更多證據顯示，帕金森氏症與人格特質改變也有關聯，特別是高情緒不穩定性和低外向性。而罹患了路易體失智症後，改變會更劇烈，也更貼近威廉斯過世前幾年親近友人對他的悲慘描述。

　　就如同頭部傷害、內出血，或是腦腫瘤所造成的神經損傷會導致人格改變，羅賓・威廉斯的故事是個令人難過的證明，讓我們知道神經退化疾病也會帶來同樣的影響。「我先生被困在他腦中變形了的神經構造裡，無論我怎麼做，都沒有辦法把他拉出來。」蘇珊・施奈德・威廉斯在一篇神經醫學期刊的文章中如此寫道，而這篇文章有個非常恰當的標題：〈我丈夫腦子裡的恐怖分子〉。

　　在美國，約有 150 萬人罹患路易體失智症，所以相對來說算是罕見。然而，另一種同樣會造成人格改變而且也更常見的失智症就是阿茲海默症，有將近 600 萬美國人為此所苦。雖然阿茲海默症最明顯的就是記憶力出問題，但患者的親人和照護者都表示，他們在生病後會表現出情緒不穩定性變高且責任心降低的狀況。（這樣的改變顯然會

讓人很困擾，不過也有些病患親屬及病患本人表示，他們會因為發現自己仍保有一些和過去相同的一致性而感到安慰，像是他們對藝術和音樂的品味，這些部分通常不會受到疾病的影響。）

其他研究則是比較了年齡與背景皆相近的阿茲海默症患者與健康的志願者。研究人員發現，阿茲海默症患者通常都有較高程度的情緒不穩定性，以及較低程度的開放性、親和性、責任心與外向性。（經由這樣的比較，很可能至少某些群體差異在生病之前就已經存在了。但可以肯定的是，較低的開放性與責任心都與罹患失智症的高風險有所關聯。）

任何在人格上出現的改變，至少都有部分是肇因於阿茲海默症造成腦部某些區域的細胞死亡，尤其是那些跟人格特質有關的區域。舉例來說，之前已有證明顯示，高度的情緒不穩定性人格特質，與靠近耳朵附近的海馬迴，或是靠近太陽穴附近的背外側前額葉皮質的細胞數量較少有關。而阿茲海默症會造成腦部這些區域的細胞凋亡。

關於阿茲海默症是從哪個時間點開始改變人格，這個問題在專家之間變得非常兩極化，因為有些人認為這些改變可以讓我們在早期偵測出疾病，藉此爭取更多機會來思考應變方式，並預先做好支援的準備。而另外一群對此研究抱持懷疑態度的專家則是認為，人格改變並不是從生病才開始的，而支持人格測驗的人也表示，人格改變確實是在確診罹患失智症之前就出現了，特別是呈現在情緒不穩

定性增加這方面。

不受質疑派的影響，2016 年卡里加爾大學的札西努爾·伊斯梅爾（Zahinoor Ismail）和他的同事提出了一份共有 34 個項目的清單，在其中列舉出人格改變的各種不同徵兆，伊斯梅爾對紐約時報表示，這些徵兆就是失智症的「潛藏症狀」。其中一些項目列舉如下。這份問卷須由病患的醫師或親密的家人填寫，出現超過 6 個月或以上的徵兆越多，表示受試者具有該清單製作人稱之為「輕度行為障礙」的可能性就越高，基本上這就是一份人格改變的病理表。我以括號的方式在清單上標注了這些項目與哪些主要人格特質有關：

興趣、動力和活力的改變（以人格特質的專有名詞來說，就是對各類經歷的開放性和外向性降低）

1. 受試者是否對朋友、家族或家人之間的活動興趣缺缺？
2. 受試者是否對原本通常會吸引她／他注意的事情失去好奇心？
3. 受試者是否變得比較不主動也比較不活潑——舉例來說，她／他不會主動跟人說話，或是不願持續跟人對話。

心情或焦慮症狀的改變（情緒不穩定性增加）

1. 受試者是否變得悲傷，或是看起來心情低落的樣

子？她／他是否曾出現淚水盈眶的狀況？

2. 受試者是否變得較無法感受到快樂？

3. 受試者是否變得更焦慮，或是開始會擔心過去日常例行的事（像是各種活動、拜訪等等）？

在延遲享樂與控制行為、衝動、服藥，以及／或在尋求獎勵這些方面有所改變（責任心降低）

1. 受試者是否變得衝動，行事前完全沒有經過任何考慮？

2. 受試者是表現出過去所沒有的魯莽行逕，或是在開車時缺乏判斷力（像是會超速、蛇行、突然切換車道等等）？

3. 受試者最近是否出現無法控制自己抽菸、飲酒、服藥、賭博等的狀況，或是開始會順手牽羊？

開始出現新的問題，像是無法遵守社會規範及保持社交禮儀、難以表現出圓滑的態度和同理心（責任心與親和性降低）

1. 受試者是否對自己的言語或行動造成他人影響這件事覺得無所謂？

2. 她／他是否變得對他人的感受無動於衷？

3. 受試者看起來似乎缺乏她／他過去所擁有的社交判斷能力，也就是在公開場合該說些什麼話，或該如何表現等等。

其他形式的失智症則與患者本身獨特的人格改變有關。舉例來說，額顳葉失智症，是因為位於前腦的顳葉萎縮所造成，通常會導致病患出現衝動、不當的社交行為，最嚴重的程度堪與前腦損傷所造成的影響相比擬。相反地，路易體失智症（侵蝕羅賓・威廉斯的疾病）則是與「被動性與日俱增」有關：

- 喪失情緒反應
- 喪失對嗜好的興趣
- 越來越冷漠無感
- 毫無目的性的過動（變得異常好動，但沒有任何明確要達成的目的）

若你讀完前述以及 P.85-86 的清單後，擔心自己或身邊親近的人曾出現上述或其他的人格改變，建議你最好去找醫師諮詢，但無須恐慌。我在前面也提過，用人格改變來當作偵測失智症的這個方法，目前依然有很多爭議——不只是因為對人格改變發生在罹患失智症之前而非之後這一點尚無定論，也因為有些專家擔心，這類清單可能會造成錯誤的過度診斷和不必要的恐慌。

畢竟，如同我在前面的單元中所提，至少某些類似的人格變化是因為其他各種更為普遍的原因所造成，從失業到離婚都有可能。所以，儘管利用人格變化來早期發現阿茲海默症或路易體失智症，理論上聽起來是個很不錯的方

法，但在實務操作上仍是問題重重。

「那根本不是她」

美國創業家設計師凱特‧絲蓓（Kate Spade）一開始是因為她色彩豐富又吸睛的手提包開始走紅，而她也抓住這個機會繼續用她的名字和創意天分，開創出一個完整的生活風格品牌。她的商品充滿活力，從文具用品到時尚衣著，在在都被認為充分反映出了她本人的個性——精力充沛、充滿玩心且甜美怡人。數百萬女性，包括蜜雪兒‧歐巴馬和妮可‧基嫚，都被這些商品歡快、懷舊的風格所吸引。然而，除了極親近的友人之外，沒有人知道絲蓓終其一生都在與自己內心的惡魔對抗。2018 年 6 月 5 日，這一切已經超過她所能負荷，年僅 55 歲的絲蓓在她曼哈頓的公寓中自縊身亡。

隨後，她的丈夫兼工作夥伴安迪‧絲蓓（Andy Spade）發表了一份公開聲明。「那根本不是她。」他對世界如此宣告，解釋絲蓓長期以來都為憂鬱症和焦慮症所苦。這位才華洋溢的設計師曾對外說明，時尚配件應該「要能襯托出佩戴者的個性，而不是反過來讓佩戴者去襯托它」，但她卻在自身豐富的個性遭受憂鬱症籠罩的悲劇之下，棄械投降。

令人難過的是，像凱特‧絲蓓這樣的故事十分普遍。2016 年，超過 1 千萬美國人經歷過至少一次嚴重的憂鬱症

發作，而有將近 5 萬人因此自殺身亡。在書寫自身憂鬱症
與焦慮症的經歷時，這些痛苦對人格所帶來的扭曲影響是
所有人共同的主題。

**你的人格會從你思考的習慣以及與他人連結的方式中
表現出來──而這些都是臨床上憂鬱症和焦慮症會自我攻
擊的部分，因為疾病會榨乾你的精力，同時綁架你的心智
──進而孵化出負面、恐懼的想法，也讓你排斥社交。**因
此，精神疾病幾乎無可避免的主要影響之一就是，它將降
低人格特質中的外向性，並增加情緒不穩定性。澳洲喜劇
演員派翠克‧萬寶洛（Patrick Marlborough），在《Vice》
雜誌上分享他的憂鬱症經歷時，簡單明瞭地寫道：「當你
的大腦感覺昏昏沉沉，而且一整天都在束手無策與絕望的
循環中來回擺盪時，你很難提起精神去參加朋友的聚會、
喝杯咖啡，或是回覆別人傳來的訊息。」

這些第一手的感想也有長期研究的證據支持，這些研
究評量受試者在罹患憂鬱症之前的人格特質，並在他們罹
患憂鬱症之後再次進行評量。研究結果證實，情緒不穩定
性強度高的人，比其他人更難以抵抗焦慮和憂鬱的侵襲，
而罹患這類疾病也會更增加情緒不穩定性的強度。舉例來
說，一項有數千名志願者參與，著眼於臨床憂鬱症和恐慌
症的荷蘭研究發現，兩者都會出現情緒不穩定性加劇的狀
況，而特別是憂鬱症會導致外向性和責任心降低。

另外還有一種心理疾病被稱為「躁鬱症」，躁鬱症不
止會有憂鬱症的心情低落狀況，同時也會出現精力旺盛、

興奮、分心或易怒的狂躁狀態。罹患躁鬱症的人會在憂鬱和狂躁這兩種狀態中來回切換，就如同他們經歷了一場劇烈的人格改變。在狂躁階段時，看起來就像是他們突然之間變成一個活力爆棚的外向者——也可以說是一個自認為自己是先知，擁有極高度開放性特質的人——又或者他們可能會變成一條短得不像話的導火線，像是一個親和性幾近於零的人。「狂躁會讓你以為自己是個非常了不起的人，沒有什麼是你辦不到的，你覺得自己人見人愛。」一位自稱「貓咪」的年輕女性在 2017 年如此對《衛報》說。「狂躁狀態最糟糕的地方是，你會失去控制。」

高度情緒不穩定性的人格會讓人有罹患躁鬱症的高風險，就如同高度情緒不穩定性也會讓罹患所謂的單極性憂鬱症及恐慌症的風險增加。不過針對躁鬱症，有些專家也提出了頗富爭議性的論點，認為有種所謂的「輕度狂躁人格」，會讓人更容易在人生的某個（或多個）階段中罹患躁鬱症。以下是在 1980 年代時由馬克‧艾克布萊德（Mark Eckblad）與洛倫‧查普曼（Loren Chapman）所開發的評量表中的幾個項目，用來評量這一類的人格：

- 我經常會同時感到快樂又煩躁。
- 我經常會出現精力充沛到甚至連一秒鐘都無法好好坐著的狀況。
- 我經常會處於開心和活力爆表的狀態中，自己都覺得快要應接不暇。

● 在社交聚會中，往往我都是「派對的活力源泉」。
● 如果我能當個政治人物，參與各式競選活動，我一定會很享受整個過程。
● 有時候我會覺得除非我能夠做自己與生俱來的天職，否則我活著毫無意義。

擁有輕度狂躁人格的人，大多數會同意以上這些說法。前三項要呈現的是具有輕度狂躁情緒的傾向——處於高度興奮的狀態，並擁有源源不絕的精力。第四和第五項與個性中的浮誇，以及認為自己是任何聚會的靈魂人物和活力來源有關。最後兩項則是與擁有高度創造力相關。

這份問卷以及認為可預測罹患躁鬱症的想法都非常具有爭議性，因為有些病理學家認為，這麼做不只是要評量一個人終生的人格型態，同時也要監測躁症的症狀。他們表示，如果這份問卷確實能偵測出目前已知的症狀，那麼它可以預測罹患躁鬱症的風險也就不足為奇了。另外一個爭議點與單極性憂鬱症和躁鬱症都有關，專家關切的是，這些精神疾病對人格所帶來的影響，是否會在症狀消除之後也隨著煙消雲散，又或者這些影響會持續更長的時間——也就是俗稱的「傷疤效應論」說法。

到目前為止的結果是兩邊都有。絕大多數的研究都發現，在單極性憂鬱症期間所出現的人格改變——包括情緒不穩定性與內向性增加——都會在受試者康復後，回到生病前的水準，少數研究則發現某些具傷害性的改變有持續

的徵象。舉例來說,一項長達 5 年並有數百位心理疾病患者參與的芬蘭研究發現,長期累積的憂鬱症情狀會導致情緒不穩定性增加的時間延長,尤其是研究人員所謂的「避害」(harm avoidance)(他們解釋,一個「避害」的人會「很悲觀、壓抑,而且容易感到疲倦不已。」)其他針對罹患躁鬱症患者的研究則發現,他們在衝動、攻擊性和敵意這些方面的分數,都比罹患單極性憂鬱症的人要高,而且跟沒有罹患心理疾病的人相比,他們在情緒不穩定性和開放性的分數也都較高,親和性、責任心和外向性的分數則是較低——再次重申,或許這可以被視為傷疤效應的顯現(雖然這些人格差異可能在他們生病之前就已經出現了)。

憂鬱症會在人格上留下傷疤這件事聽起來讓人很不舒服,但芬蘭研究人員說,從進化的角度來看,這些效應未嘗沒有好處:如果一開始是由於不利的狀況而導致了憂鬱症的發作,那麼也可以說,讓一個人發展出更警惕、更謹慎的性格型態,可以增加他存活的機會。當然,問題就在於,對我們遠古的祖先來說,在遭受威脅時轉換成更警戒、更謹慎的性格型態可能會有好處,但是在現代生活中就不見得有這個必要了,尤其現下是舉止大膽、擅於社交行為的人較能獲得優勢的世界。令人難過的是,如果憂鬱症的傷疤效應是真的——別忘了結論仍有待商榷——那麼這也暗示了,這種疾病的影響之一就是讓人困在負面的循環中難以跳脫,而這也增加了他們復發的風險(因為憂鬱症會增加他們的情緒不穩定性特質,而這又進一步削弱了他們

抵抗憂鬱症的能力）。

　　從樂觀的一面來看，使用抗憂鬱藥物、抗焦慮藥物，以及各種不同形式的心理治療，都至少能夠抑制某些由心理疾病所造成的負面人格影響。特別是針對大腦化學物質血清素作用的抗憂鬱藥物（俗稱的 SSRIs，也就是選擇性血清素再吸收抑制劑；selective serotonin reuptake inhibitors），已被證明能夠增加外向性並降低情緒不穩定性。一項追蹤憂鬱症病患一年的研究顯示，服用帕羅希汀（paroxetine）的人跟服用安慰劑的人相比，在外向性方面增加了 3.5 倍，而情緒不穩定性方面則是降低了 6.8 倍之多。更深入的分析則是認為，這些人格特質的改變至少有某部分是來自於藥物直接改變了人格的生物性基礎，而不只是憂鬱症症狀減輕後的結果。

認知行為療法改變人格特質

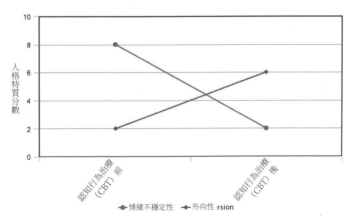

針對進行認知行為療法的心理疾病患者的研究顯示出，採用認知行為療法改變了他們的人格特質，特別是在情緒不穩定性與外向性這兩方面。

　　針對進行認知行為療法的心理疾病患者的研究顯示出，採用認知行為療法改變了他們的人格特質，特別是在情緒不穩定性與外向性這兩方面。

　　在焦慮症方面也是類似的狀況。舉例來說，一項對接受認知行為療法的焦慮症患者所進行的研究發現——認知行為療法（cognitive behavioral therapy; CBT）是一種針對人對自己以及周遭世界的偏見看法所進行的心理療法——他們在接受治療後情緒不穩定性降低，而外向性則是增加（請見 P.93 的圖表）。這並不完全是因為焦慮症症狀減輕的關係，而是治療本身對人格所產生的直接影響，很可能是因為這種療法會改變病人思考及行為的習慣。

　　英國記者作家奧立佛·卡姆（Oliver Kamm）根據自身與臨床心理醫師一同努力克服他的憂鬱症和焦慮症的經驗，描述了認知行為療法的效果：「這種療法不是佛洛伊德式的，而是蘇格拉底式的，」他如此寫道，「以進行對話的方式來檢視並改變具有破壞性的思考方式。心理醫師向我解釋，我的憂鬱症是種嚴重的疾病，但在根本上並不是什麼難解的謎團：而是一種天生的認知錯誤。藉由拷問那些造成我心理崩潰的念頭，然後用更好的想法來替代它們，就有可能復原，並防護自己不再復發。

　　心理疾病會竊取一個人的人格，把一個活潑外向的人變成焦慮不已的隱士，但這些改變都是可逆的，只要有適當的支援和治療，是有可能——至少對某些人來說——治癒他們受損的人格。

創傷可能導致人格分裂，也可能會帶來正面的改變

跟很多母親不得不面對自己的小孩已失去童貞時一樣，塔拉發現她 10 多歲的女兒凱特在服用避孕藥時，感到既震驚又激動。但跟其他母親不一樣的是，這激烈情緒的影響觸發了塔拉，讓她出現劇烈的人格改變，比方像是她突然之間會變成另一個綽號叫 T 的人，擁有叛逆的性格以及青少女會有的興趣。

凱特回家後發現 T 在她的房間裡翻找她的衣櫥，想要拿件時尚的衣服來穿。顯露出青少年特有的那種神氣活現，T 找凱特跟她一起去購物，用的是她的主要人格塔拉所持有的信用卡。凱特並不像你所預期的那般驚呆了：她認出 T 是母親的「分身」之一——當塔拉感受到壓力時會轉換的交替身分。事實上，凱特還給了 T 一個大大的擁抱；畢竟，T 是她母親最喜歡的分身人格。

這個場景出現在 Showtime 電視網播出的喜劇「倒錯人生」（The United States of Tara）中，這部戲獲得各方讚賞，認為它真實描繪出被稱為「解離性身分障礙症」（DID; dissociative identity disorder）這種精神疾病的樣貌，之前這種疾病也被稱為多重人格障礙，是歷來最具爭議性的精神病診斷之一。罹患瞭解離性身分障礙症的人會在不同而且通常是天差地別的人格和身分之間來回轉換——或至少他們看起來是如此——有時候他們會宣稱對不同角色時的

自己沒有任何記憶。

　　塔拉‧葛雷森這個虛構的人物由東妮‧柯蕾特（Toni Collette）飾演，而她的三個替代分身（除了 T 之外，另外的分身還有愛麗絲，一位信仰虔誠、生活清白單純的母親，以及巴克，一個男子氣概滿滿、抽菸，戴著眼鏡的男性退伍軍人；其他的分身則是隨著劇集的開展而陸續增加），對某些人來說，這聽起來似乎太誇張，然而，許多真實的案例就如戲劇情節一般。

　　解離性身分障礙症催生了羅勃‧路易斯‧史蒂文生（Robert Louis Stevenson）的小說《化身博士》（*The Strange Case of Dr Jekyll and Mr Hyde*）。確實，「這就是化身博士……」正是近期一篇醫學文獻案例研究的標題，內容是關於一位同樣也被診斷出罹患解離性身分障礙症的心理醫師：他的其中一個分身是「路易斯」，一個性生活淫亂的 19 歲少年，另一個則是「鮑伯」，一個不良於行，患有憂鬱症的 4 歲男孩。當這位在論文中被稱為「Dr. S」的心理醫師外遇出軌時，他聲稱對此事全無記憶，並把一切過錯全怪罪在路易斯身上，而當他 60 幾歲自殺未遂時，他認為那都是鮑伯的問題。

　　顯而易見，解離性身分障礙症是種相當不尋常的狀況，會讓我們對「自己」這個概念產生極大的質疑。面對如此難解、戲劇性的狀況，也難怪專家們對於眼前發生的狀況該如何解釋存在著歧見。主流的觀點是，這是一種針對劇烈創傷所啟動的防禦機制，通常是在童年時期所遭遇

到的創傷，尤其是當孩子沒有一個可以獲取安全感的對象
——給予愛和關懷的大人——時特別容易發生。這個理論
是，這樣的孩子會發展出一個或多個替代人格，當作是逃
避創傷的方法，同時也讓他們更能夠應付自己身處的那個
充滿敵意的世界——也就是一種持續到長大成人後的應對
策略。就如同梅蘭妮・古德溫（Melanie Goodwin）（她本
身也罹患瞭解離性身分障礙症，同時也是解離性身分障礙
症慈善機構「第一人稱複數」的主席）告訴 Mosaic 雜誌
的：「如果你身處一個完全無法應付的情況中，為了生存
你就會解離。創傷會讓你在瞬間僵住無法動彈。而因為創
傷持續存在了很多年，所以隨時都會出現許多小小的僵住
狀態。」

　　跟此說法一致，絕大多數解離性身分障礙症的案例，
通常都有創傷的過去。舉例來說，那位罹患解離性身分障
礙症的心理醫師 Dr. S，在幼童時曾被囚禁在床上數個月的
時間，當時他還是嬰兒的手足死亡，而據報他的母親是個
冷漠且疏離的人。梅蘭妮・古德溫說她從 3 歲時就開始遭
受虐待。而另外一位最知名的解離性身分障礙症案例，克
莉絲・柯斯納・賽斯摩爾（Chris Costner Sizemore）（她
的許多分身之中包括了白夏娃和黑夏娃，而她的故事也
在 1957 年被拍成了電影「三面夏娃」（The Three Faces of
Eve）也說，在 3 歲之前，她曾親眼目睹母親身受重傷，
也見過一個溺死的男人被人從水溝裡撈上來，還在鋸木廠
的一場意外中看過一個男人被鋸成兩半。為了遵循這些典

型的模式，電視影集中的塔拉·葛雷森這個虛構人物，也被寫成曾有受虐及被強暴的經歷。

然而，有些臨床心理醫師，像是已故的史考特·里林費爾德（Scott Lilienfeld）及史蒂夫·林恩（Steve Lynn），他們就對有解離性身分障礙的人是否真的發展出不同人格這件事，抱持懷疑的態度。舉例來說，他們指出，嚴謹的測驗顯示，有解離性身分障礙的人並沒有真的忘記他們身為不同角色時的經歷，他們只是以為他們忘記了。這些抱持懷疑的專家並不認為解離性身分障礙症的病人在假裝（至少不是有意識地假裝），而是病人對自身情緒和意識的理解出了問題，這才是對這種狀況較好的解釋。換句話說，這會導致他們在面對睡眠問題和情緒障礙之餘，還得努力想辦法形成一個連貫的自我意識。根據這個社會認知理論的說法，有些人——特別是那些容易受到暗示、喜歡幻想、奇特感知體驗，同時情緒變化快速的人——他們會藉由多重人格的述說，來理解自己混亂的心理世界，而這些多重人格（至少在某些案例中）是由他們在虛構故事中所讀到的角色，或是治療師告訴他們的想法而形塑出來的。

而更複雜的問題是，早期生活的創傷也會造成另一種有密切關聯的診斷症狀，也就是俗稱的「邊緣性人格障礙」（borderline personality disorder），或是情緒不穩型人格障礙。與罹患解離性人格障礙症的人一樣，邊緣性人格障礙的人也會遭遇經常性的情緒起伏、人際關係問題，以及無

法形成連貫的自我意識，但通常他們不認為自己有人格分裂的狀況。（具有邊緣性人格障礙的人會比一般人有更高的風險同時罹患解離性身分障礙症。）

好消息是，與本書希望開啟正向人格改變的前景及潛力的宗旨相符，對於該如何幫助罹患這些障礙症的人，目前已有大大的進展。以解離性身分障礙症來說，治療師的目標在於與他們的病人建立起一份信賴關係，幫助他們處理過去的創傷，教導他們能好好控制情緒的技巧，最終支持他們與自己不同的人格和解並整合——這些都是目前研究初步認為有幫助的作法。而至於邊緣性人格障礙，長久以來大家一直都悲觀地認為這是無法治療的疾病，因為一般認為問題深植於病人的人格之中，而因為人格被認為是與生俱來無法改變的，所以這個狀況也被視為終生難以治癒。

值得慶幸的是，現在，藉由使用「辯證行為治療」（DBT；dialectical behavior therapy）與類似的療法，大家已普遍認同具有邊緣性人格的人確實有可能改變他們的心理與情緒習慣（意即，藉由學習更懂得容忍並管理負面情緒），獲取新的社交技巧，並逐步朝向更健康、更快樂的方向來改變他們的人格特質。

辯證行為治療借用了佛教的教義來教導具有邊緣性人格的人如何擁有平衡的觀點，讓他們接受自己那些無法改變的面相，同時努力調整那些他們可以改變的地方。這可以透過與治療師進行一對一的諮詢，並藉由培養社交及

情緒技巧的團體活動來達成。另外一個方法則是心智化療法，它能幫助人們提高對自己及他人做出某種行為背後理由的洞察力，目的是要讓他們能夠建立更有意義、更健康的人際關係。舉例來說，治療師可以幫助病人更瞭解他的行為會對身邊的人造成什麼影響，以及他可以如何使用適當的方式，來回應他人所展現出來的情緒和感覺。

所以，儘管創傷會損害你的人格，但是只要有足夠的努力和支持，並透過學習新的社交技巧及情緒習慣和技能，絕對有可能重新取回控制權，並完成長久持續且有益的人格改變。

就如同腦損傷有時也會帶來有益的人格改變，**創傷性的人生經歷對某些人來說，其實也可以觸發可喜的人格改變，知道這件事同樣也令人感到精神為之一振——這個過程被心理學家稱之為「創傷後成長」**。意思也就是，創傷能讓一個人重新評價他的人生、改變他的優先順序，同時帶來嶄新的前景。研究人員現在已經從許多不同族群身上記錄到這類的創傷後正向改變，從癌症病人到天然災害的倖存者都有。

心理學家基本上會使用一個量表來評量創傷後成長，這個量表最初是由美國心理學家理察・特德斯齊（Richard Tedeschi）與勞倫斯・卡霍恩（Lawrence Calhoun）所設計開發，表中設定了在五個方面的改變：

● 與他人連結的方式（你是否感覺到與他人之間更強

烈的親密感？又或者你現在是否發現到，其實有些
非常好的人可以讓你依靠？）

- 新的機會（你是否有新的興趣？又或者現在你發現
  到之前沒有的新機會？）

- 個人的力量（你是否覺得自己比過去更強大？你是
  否比過去更懂得如何處理生活中發生的難題？）

- 心靈上的改變（你對宗教的信仰是否更為強烈？）

- 對生命的感謝（你是否比過去更珍惜當下的每一
  天？）

　　就主要的人格特質來說，創傷後成長可以被視為開放
性、親和性，以及責任心的增強，以及情緒不穩定性的
降低，儘管到目前為止，只有極少數的研究針對這個主題
來觀測個別的人格特質改變。（一個重要的例外是，有項
研究針對那些配偶死於肺癌的人進行評量。這些獨活下來
的人在失去配偶之後，變得更外向、更隨和，責任心也更
強。）

　　我想我自己可能也在 2014 年時經歷過一次不那麼重
大的創傷後成長，當時我的雙胞胎寶寶即將在 2 週後出世，
我的新雇主，一家總部位在紐約的新創公司跟我說，他們
得資遣我。這並不是天災或車禍，但想像一下，在你的雙
胞胎即將降臨人世的 2 週前失去你的工作！

　　我在 1 個月前加入這家公司，主要負責公司的新部落
格，當時吸引我的是改變的機會、大幅增加的薪水，以及

各種我之前從來沒有看過的員工福利（其中我最喜歡的就是星巴克咖啡卡，所有消費都由公司來支付）。我並非輕易就做出轉換跑道的決定，但我親近的家人們也都認同這是個令人雀躍的好機會。

雇用我的是新上任的行銷部主管，他希望我撰寫有心理學理論基礎的文章，提供建議和靈感給設計師，這一聽就是我的長項所在。不幸的是，就在我到職後不久，很顯然地公司創辦人和執行長有了其他的想法（當然這對一間變化快速的公司來說是很常見的事，而且我得補充的是，這家公司目前經營得非常成功）。公司非常善意地以提供資遣費的方式來讓整件事不那麼難受，但當他們跟我說的時候，我只覺得一股可怕的恐慌從我的胃往上竄。而把這個消息告訴我妻子，這件事本身就是個創傷。

然而，接下來的幾個禮拜，我發覺我的優先順序改變了。我發現自己之前那個比較不刺激，但卻更穩定的角色也有其好處——而我也終於在幾個月之後讓自己重新回歸到那個角色之中。確實，我很想念我的星巴克卡，但我看見了自己過去那份安穩工作的價值所在，同時也在我的事業野心及與日俱增的家庭責任之間，體驗到新的平衡（事實上，被資遣也就代表我的陪產假比別人長很多）。對於發生的一切我心懷謙卑，而且在某種程度上也覺得自己變得更睿智、更快樂了。

創傷後成長這個概念也為那句古老的諺語：「每朵烏雲都鑲著閃亮的銀邊」帶來了科學上的實現。如果你正在

經歷一段痛苦難熬的時期，又或者當你在未來經歷到困境時，這個想法或許能讓你獲得安慰：這段經歷最終會讓你變得更好。如同心理學家史考特‧貝瑞‧考夫曼（Scott Barry Kaufman）最近在推特上所寫的：「逆境糟透了，但克服逆境棒透了。我們能克服的逆境越多，就會變得越堅毅。」

　　有些心理學家懷疑創傷後成長是真實存在的現象。舉例來說，他們認為，很可能單純只是倖存者只看到光明正向的一面，而不是他們真的變好了。不過我相信這個概念的真實性並不低，尤其是如果我們已經建構起自己的復原力或情緒的穩定性。舉例來說，最近一份統合分析（一種整合現有的研究結果來進行大局分析的研究）的結論是，創傷後成長對某些罹患癌症的孩童及青年人來說，是真實存在的現象。另外一些近期的研究也發現，平均來說，遭遇過危厄逆境的人，會變得更有同情心（也是某種形式的親和性增加），而**比起一般人，挺過越多創傷的人，在自身的想法和記憶方面，也擁有越高的心智控制能力（這也是責任心特質很重要的一部分）。**

　　我在本單元中與你分享了一些可怕但具有啟發性的人格改變案例，這些案例是由受傷和疾病所引起，心理和生理都有。這些故事和研究結果更進一步地呈現了人格的脆弱與可塑性──你會具備什麼樣的人格，仰賴的是體內的生物程序，而這些程序很容易就會受到意外、壓力及病變的影響。從好的一面來說，有時候這些改變可以讓你變得

更好，而就算是出現了不想要的改變，也可以藉由正確的
治療、協助與支援，回歸原有的模樣。（如果你或是你認
識的人有出現本單元中所提到的狀況，我強烈建議你儘快
尋求專業的協助，如果你還沒有這麼做的話）。不過，說
到底，因病理而導致人格改變的這些案例只是另外一種方
式，讓你看見你的人格是仍在打造中的一件作品——是個
仍在進行的過程，而不是早已底定的結果。

改變人格的十個可行步驟

降低情緒不穩定性	● 在卡片上寫下正在困擾你的情緒是什麼。翻到卡片的另一面，寫下你在人生中最重視的東西是什麼。現在想想卡片的兩面之間有什麼樣的關聯，如果你把這張卡片撕爛（為了要除去所有情緒上的痛苦），那麼你同時也會失去對你來說最重要的東西。在此和接受與承諾療法（ACT）相關的課題是，一場豐富且有意義的人生並不必然是一段輕鬆或快樂的路程。 ● 有許多 APP 教人進行正念冥想及其他類似的方法；Headspace 就是其中一個。承諾自己每週進行二至三次冥想，這能幫助你感覺更放鬆，也能降低你的情緒不穩定性。
增加外向性	● 加入能夠讓你接觸人群的團體，像是表演班、合唱團，或是你家附近的足球隊。只要這些活動具有挑戰性，或是具有團隊要素在內，那麼就能夠幫助你與他人建立連結。就算是非常內向的人，通常也會發現自己遠比預期中更享受社交接觸。 ● 成為你關心的慈善團體的志工。這能讓你與那些追求跟你相同價值觀的人有所接觸。不過副作用就是你可能得習慣有更多的社交接觸。

改變人格的十個可行步驟（續）

增加 責任心	● 下次當你需要專注時，試著去找一個在場其他人都達到你想要的專心程度的地方。這個地方可以是圖書館，或是共享辦公室，又或者你可以刻意坐在辦公室裡最認真工作的同事旁。研究證明，在高度專注的人身旁，你的行為也會受到影響。 ● 用實際可行的步驟來讓你能夠達成自己許下的承諾。舉例來說，如果你的目標是要一週參加一次晨間運動班，那麼你就要在前一晚先把運動包準備好，這樣一來，早上你就只需要出門就好了。一般來說，目標訂得越省事，你就越容易達成。
增加 親和性	● 每週至少傳一封鼓勵的簡訊給一位朋友或親人。研究顯示，收到這類訊息可以幫助他人面對艱難的工作，並降低他們的緊張程度。 ● 承諾自己每週至少一次，對一位陌生人展現友好良善的態度。不光只是因為這麼做對他人有益，同時也有證據顯示，經常對他人釋出善意能夠增進你自己的生理與心理健康。
增加 開放性	● 試著每週寫「美麗日誌」並持續幾個月的時間。在每週接近尾聲時，寫下大自然中讓你感受到美好的某件事物；也可以寫你覺得美好的人，而最後，再寫幾句你發現到的美好行為（某人所做的善事）。 ● 當你面對兩難的抉擇時，試著從第三者的角度來描述你所面臨的困境（意即，「他現在的工作既舒適又開心，但是新的工作機會非常有趣，也更具挑戰性。」）使用古老的修辭技巧，也就是俗稱的「第三人稱自稱」，可以增加你的開放性，以及從他人的觀點來看事情的能力。

Chapter 4

關於飲食、
亢奮與宿醉

　　演講開始不過 3 分半鐘，眼淚已經開始從他臉頰上滑落。這個男人，有些人因為他冷靜抽離的行事作風而幫他取了個綽號叫「史巴克*」，他正在哭泣。他暫停下來重新整理自己的心情，這時全場鴉雀無聲。接著旋即響起一片熱烈的掌聲。

　　場景在芝加哥，當時歐巴馬總統正在為 2012 年 1 月贏得勝選而感謝他的競選團隊。「無論我們在接下來的 4 年做得有多好，跟你們在未來幾年中所將達到的成就相比，都相形見絀，而這就是我一直以來的希望所在。」他這麼對競選團隊說。

　　這段影片在網路上被瘋狂轉載，全球評論家都對「毫無戲劇性可言的歐巴馬」竟然會用這般毫無保留得令人驚訝的情緒展現，表達了看法。不過，歐巴馬還有其他的例子，能讓大家更瞭解他的情緒控管狀況。舉例來說，2015 年，他在為副總統小喬瑟夫‧拜登（Joseph Biden Jr）的兒子布‧拜登（Beau Biden）唸悼詞時，努力忍住不掉下眼淚。而在 2016 年，網路上又引起熱議，因為歐巴馬在演講中談論到槍枝管控時，再次讓自己的淚水盡情地奔流。事實上，在過去幾年間，歐巴馬每次談論到這個議題時，都很努力地要克制他的情緒。

　　其實，歐巴馬情緒激動的例子很多，所以回想起來難免覺得奇怪，他這種表露出情緒的舉動，竟然會讓媒體拿來當作頭條標題，像是《紐約時報》在 2015 年就這麼寫：「歐巴馬防衛心降低 不同尋常顯露出情緒」，還有《華盛

頓郵報》的一篇報導就以這句直白的話開場：「歐巴馬總統週二在公開場合中落淚。」好像情緒激動這件事本身就具有什麼新聞價值似的。

不過，就另一層意義來看，大眾和媒體對歐巴馬的情緒所產生的反應並不令人意外，因為，對彼此的個性形成強烈且有點被單純化（或像漫畫般誇大）的印象，是我們隨時都在做的事。無論是總統還是自己的朋友，只要某個我們自以為認識的人，做出了我們覺得跟他的個性完全不相符的行為，幾乎每一次我們都會震驚不已。

毫無疑問，歐巴馬的個性一直都被認為是冷靜自持，善於掌控情緒——至少大部分時候如此。就如白宮記者協會前任理事長肯尼斯・沃爾許（Kenneth Walsh）在 2009 年時所說：「歐巴馬是位冷靜的顧客。他不會真的很生氣、很難過或是很沮喪，也不會情緒失控。」而在《大西洋月刊》一篇深入剖析的文章中，詹姆斯・法洛斯（James Fallows）的觀察是：「無論事情非常好或非常糟……〔歐巴馬〕總是擺出同樣一張不帶任何感情的臉。」

用五大人格特質的專有名詞來說，歐巴馬絕對在內向性特質部分拿到極高的分數，情緒穩定度的分數甚至更高（也就是情緒不穩定性分數低）。所以，該如何解釋他多次在不同場合中讓自己的眼淚奔流呢？哪一個才是真正的

註：Mr. Spock，經典科幻影集「星際爭霸戰」中的主角之一，是戰艦隊員中唯一的外星人，擔任副艦長一職。

歐巴馬？好吧，兩個都是。歐巴馬是個人，而有時候外在情境的強度會壓過我們的人格。

該如何解釋你的行為：是情境還是你的人格？

　　歐巴馬行為中的明顯反差巧妙地概括了一場論戰，這場論場在 20 世紀後期的數十年間，持續纏繞著人格心理學不放。最極端的一方認為，人格完全沒有意義，因為情境才是一切的主導。這些情境主義人士所提出最惡名昭彰的案例，應該就是菲利浦・辛巴多（Philip Zimbardo）在 1971 年進行的史丹佛監獄實驗了，在被徵召來擔任獄警的志願者開始不當對待另外那些扮演囚犯的志願者後——就彷彿他們原本的人格被情境的力量給取代了——這場實驗不得不中止。

　　之後，這些情境主義人士的論點變得更加微妙。心理學家華特・米榭爾（Walter Mischel）與他的同僚提出了一種行為解釋，強調人會以非常特殊的方式受到社交環境的影響。他們在一個為期 6 週的夏令營中，對參加學童進行了一項研究，結果顯示，這些孩子的行為會因為他們身邊的人不同，而出現非常大的差異，但關鍵是，不同的學童也會出現不同的反應。舉例來說，一個男孩可能在被大人斥責時表現得比其他同儕更怒不可遏，但同樣一個男孩，在朋友嘲笑他時卻表現得非常淡定。相反地，他的死黨可

能會出現跟他完全相反的反應。這暗示了一件事：給這兩個孩子貼上個性暴衝或個性懶散的標籤都會造成誤導，就好像在說這就是他們的基本核心人格特質一樣。

　　為了支持這類型的研究，有些評論家甚至宣稱人格這個概念是種神話。不過，如同我在本書一開始就提出的，毫無疑問，人格——我們在思想、感受與行為方面的習慣性傾向——是真實的，而且很顯然對於預測我們人生中的各種結果來說非常重要，從能賺多少錢到能活多少年，全都包含在內。現今，只有少數專家願意為人格只是種神話的看法背書。學術上的爭論已經向前邁進，逐漸達成共識：在解釋人類行為上，人格與情境兩者具有同等的重要性。

　　人們會在朋友和家人身上看到情境與人格的雙重影響出現。長期來說，外向的朋友會比內向的表弟更活潑也更愛享樂，但這並不代表那饒舌的朋友每天、每時、每刻都維持著外向和愛開玩笑的態度。

　　近期，心理學家找來數百位大學生，錄下他們在三種社交場合中的行為表現，這些大學生每次都會成群與兩位陌生人社交，每次各間隔一週，藉此展示出行為的一致性與適應力的混合表現。第一次是沒有任何主題的聚會（學生們被告知他們可以「聊任何想聊的話題」），而第二與第三週則是安排了有金錢獎勵的任務：一週是大家互相合作，另一週則是大家互相競爭。每一週，研究人員都會計算學生們出現了 68 種不同行為中的哪幾種，其中包括了大笑、放鬆、微笑、滔滔不絕，以及惱怒。

　　某種程度上，學生們的行為在不同狀況中會有所不同，就如你所預期。舉例來說，平均起來，他們都比較願意在非正式的聚會中揭露更多自己的個人資訊。但是在他們的行為上也有非常清楚的一致性：在一種情境中比其他人表現得更為保守的學生，在另外一種情境中同樣也表現得較為保守。而那些比較自動自發的行為，像是微笑，則是所有社交狀況中最為一致的特質，這也很合理，因為人格很容易會透過我們最無法控制的行為顯露出端倪。

　　有了這些近期的研究結果就能解釋歐巴馬總統的人格了。沒錯，有時候他會情緒激動，但很有可能他冷靜的時候比我們一般人多很多，特別是把各種不同情境和時間長度平均起來看的話更是如此。這是因為他的情緒不穩定性和外向性都很低。但情境也很重要。即便你和歐巴馬總統一樣善於控制情緒且處變不驚，總是有某些狀況會讓你做出完全不像自己的行為，尤其是當情境的強度凌駕了你平常的性格（比方像是在一場激烈又疲憊的競選活動結束後，對你最親密的支持者說話時）。

　　舉個極端的例子，如果有人拿著把槍指著你的腦袋，不管你的情緒不穩定性是高還是低，你都會覺得害怕——雖然如果你的情緒不穩定性很高，你可能會感受到更強烈的恐懼，也更容易在事後出現創傷後壓力症候群的症狀。令人慶幸的是，對大多數人來說，我們在每天的日常生活中會碰到的這種造成人格扭曲的激烈情境並不是被槍指著頭，而是一個被清楚定義且要求極高的社會角色或職業角

色——舉例來說，在婚禮上致詞、去看醫生聽檢查結果，或是參加工作面試。

在體育界或演藝圈工作的人就可為此提供非常戲劇性的案例。我在前面的單元就已經提過，網球一哥拉斐爾・納達爾在場上場下幾乎是兩個完全不一樣的人：場上是超人，下了場則是克拉克・肯特。許多拳擊手也是如此，尤其是因為他們在比賽前都得閉關集訓好幾個月的時間。舉例來說，前世界重量級冠軍，來自紐西蘭的喬瑟夫・派克（Joseph Parker）就曾說過，他在集訓營中是個完全不一樣的人，集訓時的他過著非常規律的生活，飲食控制也非常嚴格（顯示出極高度的責任心），而離開集訓營之後的他，會大吃甜派和彈吉他（變得責任心較低，外相性和開放性較高）。

有些運動員則是會談到在他們踏上賽場的那一刻，突如其來會出現的那種人格改變。來看看澳洲傳奇板球運動員丹尼斯・利利（Dennis Lillee），他最為人稱道的就是他的疾速投球。不投球時的他是個很隨和的外向者，但一上了場，他就變得充滿敵意和威嚇性。「我只要一站上球場的那條線，我的人格就變了。」他如此對《每日電訊報》說道。「對我來說，這是場搏鬥。是澳洲對上英國的戰爭。你會想用盡全力把對手給砸扁。」另一位前重量級冠軍拳擊手，美國的迪昂泰・懷爾德（Deontay Wilder）也曾描述自己會在突然之間人格大變：「當我真正上場比賽時，我就會變了個人。我不再是迪昂泰。有時候我自己都會嚇到。

那還蠻恐怖的。」

有時候在不同角色之間，人格也會滲漏沾染——演員班乃迪克・康柏拜區（Benedict Cumberbatch）就曾描述，飾演夏洛克・福爾摩斯是如何讓他在戲殺青之後很長一段時間，依然在人際關係的應對上表現得唐突無禮且沒有耐心（變得親和性較低）。

不止體育明星、歌手和演員會出現人格的差異。舉例來說，布萊恩・利托（Brian Little）是位人格學的教授，他也曾描述自己是如何在教課時暫時轉變成一個外向的人。又或者來看一個完全不同的案例，這次是從商業世界和社運人士的角度來看，以佛蘿倫絲・歐索爾（Florence Ozor）為例，她是「帶我們的女孩回家」運動的主要領導人之一（這是一場為了幫那些在 2014 年遭博科聖地綁架的女學生提高聲量而組織的社會運動），同時也是佛蘿倫絲・歐索爾基金會的創辦人，該會的主要工作目標是為奈及利亞女性爭取更多權力。就如塔莎・歐里西在她的著作《深度洞察力》中所說，歐索爾是個非常內向的人，但她很早就從自己的工作中學到，身為一個社會運動人士，為了要達成她所想要的改變，她得讓自己像外向者一般行動，至少當她扮演這個角色時是如此。「我絕對不會再因為害怕成為聚光燈的焦點而逃走」，她對自己許下了這個誓言。

要瞭解情境與人格特質之間的相互作用，最重要的一點是，對我們在任何時候的行為而言，兩者同樣重要。然

而，人格，一定會在長期中顯露出它的樣貌（不過別忘了，你的人格本身會隨著時間而變得越來越固定）。

本單元接下來的篇幅要討論的是情境與人格之間的互動關係──也就是不同的情境、心情、所攝取的食品與藥物以及其他人，會如何影響我們在當下的行為，還有就是這一切會如何與我們的長期人格特質發生交互作用。

不穩定性 vs. 適應性

在考量情境的力量時，務必要記住一件事，那就是，根據我們的五大人格特質分數，有些人會比另外一些人呈現出更多的短期變化。特別是如果你的情緒不穩定性很高，你可能會發現自己的行為比別人更難以預期，而且經常改變，而如果你是個外向性高的人，很可能你的一致性也會比較高。這部分最關鍵的差別就在於穩定性和適應性。

情緒不穩定性高的族群在不同情境中的行為，經常是不穩定且難以預測的。這是因為他們的行為有很大一部分來自於他們內在反覆無常的情緒和心情。相反地，沉穩的外向者，行為就比較穩定也更容易預測，因為他們在不同情境中大多都會做出類似的反應。而當他們的行為出現變化時，通常都是因為他們適切地配合了社交情境的需求所致。

　　近期心理學家也證明了這一點，他們請一群大學生用智慧型手機錄下他們在 5 週內所有社交情境中的行為和感受。結果發現，情緒不穩定性高的人在每一次場合中所呈現出的友善程度比較難以預測，即便每次社交場合的背景和型態都一樣也是如此（這或許也可以說明為什麼情緒不穩定性高的人不太能夠和其他人一起生活，而且他們也比較容易遭遇到人際關係失和的狀況）。於此同時，高情緒不穩定性類型的人在不同的情境中也顯露出很低的適應性；也就是說，他們似乎沒有那種為了配合不同狀況而採取某種具一致性且有益的方式來應對，進而適時調整自己社交行為的彈性。

　　相反地，外向性與親和性高的人在行為上就較為一致：一般來說，就長期平均來看，他們都更快樂也更友善，而且他們對不同情境也顯露出極大的適應性，能夠適當地調整自己的行為來融入社交情境。（想像一個很隨和的外向者，他和朋友在一起時一向話很多也很有趣，但他同時也能夠在較嚴肅的情境中展現出同情心和對他人的關懷之意。）

在你身邊的人

　　在任何情境中很重要的一點就是，我們是跟誰在一起。你很可能可以想到至少一個人，當你跟他在一起的時

候，你總是會展現出你人格中特別強烈或通常是被隱藏起來的那一面。

　　在我成長的過程中，這個人就是我的祖母。當然，平常我的行為表現已經相當乖巧，但是只要在奶奶身邊，我完全就是個天使。我很驚訝自己竟然沒有長出小翅膀和光圈。只要跟奶奶在一起，我的行為表現就會比我實際的年齡成熟了好幾歲——我從來不會裝瘋賣傻或是不聽話，而且總是會處處幫忙，同時表現得禮貌十足。我的表現早熟得令人作嘔：無論她說了任何有關現在的人越來越沒禮貌的事，或是對電視上的髒話表達不認同，我都會睿智地點頭稱是，彷彿我從 9 歲變成了 90 歲。感覺起來這是個自我滿足的互動：我知道她認為我是個看起來乖巧但骨子裡不一定如此的孩子，而這也變成我努力想要扮演的角色。

　　這是個極端的例子，但是我們大多數人都會根據自身當下的社會角色來調適自己的行為。或許你在你老闆身邊會變得比較像是個熱愛運動的兄弟，又或者當你跟你男友那很愛批評人的母親相處時，你就會變成一個跟自己的性格完全不符的內向者。人格（personality），這個字源於拉丁文「persona」，意思是「面具」。心理學家已經研究短期人格改變有好一段時間了，其中有些模式其實非常普遍。

　　其中一項很典型的研究找來了數百位的受試者，請他們分別在與父母、朋友，以及同事相處時，為自己的人格特質評分。一如預期，他們跟朋友在一起時外向性最高，

跟同事在一起時責任心最高，而與父母在一起時則是情緒
不穩定性最高（表示情緒上的不穩定及情感上的需索）。
外向的人在不同社交情境下會展現出的變化最多（這並不
令人意外，只要想想基本上外向是個社交特質就能知道），
而責任心高的人則是變化最少。

　　另外一項研究則是分別與八個人進行了深度的訪談，
內容是他們與父母、朋友或同事相處時戴上社交面具的經
歷，而這些受訪者描述了戴上面具是件多麼令人精疲力盡
的事。舉例來說，瑪莉是位 35 歲的避險基金經理人，她
談到，在工作時努力讓自己扮演一個富有責任心的角色是
多麼地疲憊：「這並不是我想做的事，但感覺就是，你已
經這麼做了。就好像你人已經在跑步機上了，你不能停，
否則你就會摔下來。」楚迪則說，當她跟家人在一起時，
她的人格幾乎可說是完全退化了：「我的人格整個變了，
變回過去的我，那個我非常沒有安全感、非常害羞，總是
在等別人告訴我該怎麼做……一部分外向的我好像會冒出
來，但很快就會被他們全面擊退，對，就是這樣，我只好
變得更畏縮。」這些訪談的重點就是，比起跟父母和同事
在一起，跟朋友在一起比較容易做「真正」的自己，雖然
有時候跟朋友在一起也會讓人頗感厭煩，尤其是如果當下
你並沒有想要社交或是讓自己放鬆的心情。

　　有件事我覺得研究要準確找出答案的難度很高，那就
是，特定的某個人會對我們的人格產生出什麼樣特定的影
響，就像過去我奶奶之於我那樣。有時候這樣的影響是有

益的。我的社交生活在大學時正式啟動，那是因為我大一時就結交了一個派對動物的朋友，而他帶出了我內在外向的那個部分。事實上，總的來說，我很喜歡待在那些讓我覺得自己很外向的人身邊，而和那些加劇我的自我意識的人相處時，則是會讓我覺得不太舒服。

我們可以說好朋友的特質定義就是，他們可以幫助你成為（或至少讓你感覺）你是你想要成為的那種人。

你是社交變色龍嗎？

在你身邊的人所帶來的暫時性人格影響，對某些人來說可能會比其他人更大。1970 年代末期，心理學家馬克・史奈德（Mark Snyder）提出，我們可以把人區分成兩類：有些人的行為像是變色龍，他們強烈希望能讓別人對他們有好印象，而且調適自己的行為來符合當下情境的技巧非常高明（他稱這些人為「高度自我監測者」，而相較之下，其他那些人就比較在意不管跟誰在一起，或是發生了什麼事，他們都能做真正的自己，並展現出真實的自我（「低度自我監測者」）。

史奈德說，高度自我監測者會自問：「在這個情境下我需要做些什麼？」，這時他們會收集各種社交線索來找出適應的方式。相反地，低度自我監測者則是會問自己：「在這個情境下我要如何做自己？」接著他們會把注意力

轉向自我內在來尋找答案。不令人意外的是，高度自我監測者通常都被職場同事認為很友善、很容易相處，而這也能幫助他們制敵機先。史奈德對《Cut》雜誌這麼說：「兩者的差異就在於，究竟你是想要建立一種投射出某種形象的生活，而通常這個形象是專門設計來達成某種目的，又或者你是想要過著忠於自我的生活。」

這些人格類型的差異也會透過態度顯露出來。**高度自我監測者會在具爭議性的話題上違背自己的喜好和觀點，只為了配合他所處的團體的群眾心理，而低度自我監測者則是會以堅持自己的觀點並忠於自我而感到驕傲。**高度自我監測者通常會有比較多朋友，但大多都是泛泛之交，他們喜歡跟那些最符合當下情境需求的人在一起（他們寧願跟對足球狂熱的新朋友去看足球比賽，也不要跟對足球沒什麼興趣的多年老友一起去）。低度監測者則是相反：他們的朋友較少但交情都更深，他們喜歡跟他們最喜歡的人在一起，不管這個人是否符合當下的情境。

自我監測這個概念也可以運用在約會上：高度自我監測者在看個人廣告時，他們更關心的可能是對象的外表長相（他們覺得自己一定可以適應約會對象的個性）；而相反地，低度自我監測者則是更在意對方的人格描述，因為對他們來說，關係融洽非常重要，而且這一點絕對假裝不來。

你可能已經大概知道自己是屬於哪一類的人了，不過為了讓你感覺更精準，我在這裡準備了一份簡單的測驗，

改編自史奈德與他的同事史蒂芬・甘格斯塔德（Steven Gangestad）所設計的測驗：

1	我會在派對上說一些我覺得別人會喜歡聽的話	是	否
2	我一定要相信自己說的是對的，才會去跟別人爭論	是	否
3	我在學校戲劇課的表現很好，我一定會是個好演員	是	否
4	看跟我在一起的是誰，我會是完全不一樣的人	是	否
5	我很懂得怎麼討好別人	是	否
6	如果能夠幫助我超前部署或是取悅某個我喜歡的人，我很樂意改變自己的看法	是	否
7	我沒辦法為了不同的社交情境而配合演出	是	否
8	我有社交恐慌，而且不太容易交到新朋友	是	否
9	我可以讓我很討厭的人完全不知道我討厭他，因為我很懂得隱藏自己的感覺	是	否
10	我很難直視著對方的眼睛撒漫天大謊	是	否

　　你在社交上有多變色龍呢？算算看你在 1、3、4、6、9 這五題中你回答的「是」有幾個。然後再算算你在 2、5、7、8、10 這五題中你回答的「是」有幾個。如果第一個數字比第二個數字高，那麼你就算是有戴上社交面具（你是個高度監測者）；而如果第二個數字比第一個高，就表示你比較喜歡做自己，不管你和誰在一起都一樣（你是個低度監測者）。你可能會發現用這種二分法來看人還蠻有幫助的，或許甚至可以讓你更明白朋友和親戚之間為何會產生衝突。高度和低度自我監測者對彼此的評價都不高：低

的人覺得高的人都在假裝，而高的人覺得低的人既頑固又笨拙。

對我來說，這是個好玩又有趣的方式，可以看看其他人是如何與這個世界連結。但是我得指出一件事，從科學的角度來看，自我監測概念是有問題的。有些專家認為，自我監測事實上是外向的一種顯現；也就是說，高度自我監測者是高度外向的人，他們更懂得如何在眾人面前表現，並且在他們的朋友面前帶上快樂的面具（這也符合我之前對於行為的穩定性與適應性之間差異的說明，外向的人適應性也高）。

同樣地，如果你比較容易出現社交焦慮，跟我一樣，你可能會發現這兩種類別不足以解釋一切，你會覺得自己剛好落在兩者中間。我認真覺得要留下好印象這件事壓力很大（我連跟 Siri 講話時都覺得自己有演出焦慮）。但是我希望自己不要這樣，而且我每次都會責怪自己太努力想要當個好人，而不是讓自己更開放也更誠實。這是不是讓我變成了一個非自願的高度監測者呢？應該不是，因為高度監測者理論上很懂得如何技巧性地扮演不同的社交角色，而且應該也不會因為社交挑戰而感到有壓力。正因為這個概念有以上這些問題，我會建議你把你的自我監測分數當成一件好玩並且可以啟發你思考的事就好，不需要過於認真看待。

你心情不好嗎？

　　我參加了一場在別人家裡舉辦的派對，參加的人大多都是二十出頭，而且我幾乎都不認識，當時的我正努力要從嚴重的宿醉中恢復，所以想要低調一點。「啊，你就是那種人吧。」坐在我對面的男人這麼說，把我從出神狀態中拉了回來。「你不愛說話對吧？」他又補了一句，很明顯看得出來對我不感興趣。

　　這個沒禮貌的小子看起來已經對我的人格做出了迅速的假設，而且也下了決定，他不喜歡眼前的這個人。我很不願意承認，但他說的話刺傷了我。好吧，或許我是個內向的人──至少當時的我是──但是沒有人應該為這一點感到抱歉。不過，主要讓我厭惡的地方是，他假設我的行為顯露的是我真正的性格，而不單純只是反映出我當下的心情，而我當下的心情烏雲罩頂，這都要感謝酒精在我腦袋裡狂敲猛打。沒錯，此刻的我表現得安靜又內向，但他應該要看看昨晚在舞池裡的我！

　　我們經常會假設他人在當下的行為就等於是他們內在人格的反映──他們一定就是「那種人」──而忽略了某些特殊狀況的影響，包括了他們的心情。相較之下，方便的是，當狀況涉及到我們自身行為的時候，我們經常會更加意識到心情和情緒所造成的影響──就像波蘭女模娜塔莉・絲考西卡（Natalia Sikorska）2017 年在倫敦哈洛德百

貨順手牽羊卻逃過牢獄之災一樣。她當時的行為舉止跟平常的她判若兩人，她在倫敦的法庭上說，這都是她在美國度假回來之後因為壓力和文化衝擊所造成的。可憐的娜塔莉。這度假還真是一場磨難啊！

公平一點來看待宿醉的我和女模娜塔莉，心情好壞確實會對我們呈現出人格的哪一種樣貌具有強大的影響，無論任何時候都是如此。在近期的一項研究中，心理學家對數百名學生進行了簡短的電子郵件調查，請他們在一天中幾個不同的時段裡填寫，持續兩週的時間。每一封電子郵件都包含了簡短的人格測驗，同時也有讓學生填寫他們心情好壞程度，以及他們在做什麼的欄位，包括了他們是在唸書，或是在做其他更有趣的事情。

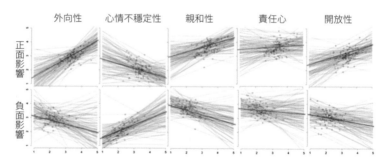

當下的人格（由 1-5 標示出由低至高）會如何依據心情而變化。
說到我自己，我知道自己的責任心會在我心情低落的時候暫時下降——這時的我應該會跑去瀏覽 YouTube 上的影片，而不會乖乖坐下來寫作。不過我可以想像，有些人在感到厭倦的時候可能反而會變得更專注，或許是因為他們利用工作或家務瑣事來分散注意力。

學生們的人格測驗分數，會因為不同時段而有所差異；重要的是，這在很大程度上也說明了他們在心情上的差

異。當學生們覺得開心的時候,他們的外向性和開放性的分數也會較高。相反地,當他們覺得不那麼開心,或是覺得難過或沮喪時,他們在情緒不穩定性的分數會較高,親和性則是較低。有趣的是,結果顯示,責任心跟心情好壞沒有太大的關係,但這可能是因為兩者之間的關聯性對不同的人來說剛好相反(因此在所有學生身上所呈現出的影響就被抵銷了)。

學生們的人格在他們唸書的時候也會有所改變,他們的外向性、親和性和開放性都會變得較低,而情緒不穩定性則會較高(你能怪他們嗎?),同時他們的責任心也會變得較強。不過更重要的是,這些當下的特質轉變,幾乎完全能夠以唸書對學生們在心情上所造成的影響來解釋。

心情對我們人格的影響讓我不禁會想,我們身邊的某些人對我們所造成的人格影響,是不是可以用不同的人會讓我們有不同的感受來解釋。事實上,近期有心理學家提出所謂的「情緒風采」(affective presence),也就是我們每個人會對身邊的人的心情所造成的連貫性效應,就很像是我們在他們身上所留下的情緒足跡。一項針對一群彼此熟識的商學院學生所進行的研究發現,其中那些受歡迎的人總是可以讓他們身邊的人心情變好,而另外一些人(特別是那些親和性低,但外向性令人意外地高的人),則總是會讓身旁的人覺得他們很煩。

心情好壞對你人格所產生的暫時性影響,在你剛看完一部電影或是剛聽完一首歌(或是在你剛讀完一本書)之

後，同樣也可能會發生。在另外一項研究中，研究人員先請受試者觀看電影「費城」中一段搭配作曲家巴伯的慢板弦樂的哀傷情節，或是搭配著莫札特輕快的絃樂小夜曲，觀看一段在柏林圍牆被推倒後一家人歡欣團聚的影片，並請他們在看完之前和之後，分別填寫一份人格問卷。受試者的人格在觀看哀傷的影片後，外向性變得較低且情緒不穩定性變得較高，而觀看完愉快影像的人則是外向性略微升高。

生活中有太多事情我們無法控制，但我們可以選擇自己在電視上聆聽或觀看的內容（雖然你可能得和另一半上演一場遙控器爭奪戰），而我們通常或多或少也會受到跟我們在一起的人的影響。對這些會影響我們心情，進而影響我們暫時性人格的事情提高警覺一些，這也跟接下來我要告訴你的一種簡單但卻強大的心理策略有關。

情境選擇策略

身在何處、在做些什麼事，以及跟誰在一起，全都會影響你當下的人格。這些影響會隨著時間慢慢累積，塑造出你這個人。但你並不一定要被動地接受這個狀態。詩人瑪雅‧安潔洛（Maya Angelou）曾說：「站起身來好好領悟你是誰，你不只是所有發生在你身上的那些狀況。」她說的一點都沒錯，我們可以謹慎選擇要把時間花在什麼

地方：我們可以打造我們情況，讓它們能夠有益而非有害
於我們。舉例來說，如果你想要擁有心態更開放、更懂社
交也更溫暖的人格，要達成這個目標很重要的一個方式就
是，努力讓自己處在能夠讓心情變好的情境中。這聽起來
很理所當然，但如果此刻你誠實地想想，你有多常在安排
時間的時候做這般策略性的思考？就拿下個週末來說好了
──你真的有考慮過你安排要做的事情會讓你心情很好
嗎？很可能你的計畫有很大部分只是基於習慣或方便而
已。當然，你一定有必須負起的各種責任。但對絕大多數
生活在自由社會，同時擁有一定基本收入的我們來說，還
是可以比平常更深入地去思考我們應該計畫去做些什麼，
並把我們可能會有的感受也納入考量中，如果可以這麼做
──長期下來──會讓我們對於自己將成為什麼樣的人，
施以更深思熟慮後的影響。與其咬緊牙關忍耐又一次無聊
透頂的魔咒，甚至是憤怒情緒的席捲，不如嘗試更努力去
做事前規劃，並找到那個陽光燦爛，保證可以讓你更愉快
的地方。英國雪爾費德大學的心理學家近期也對此做了測
試。他們讓一半的受試者在週末之前遵照情境選擇指引進
行規劃：「如果我可以決定這個週末要做什麼，我會選擇
去做讓我覺得愉快的事，同時避開會讓我覺得很糟糕的
事！」，並要求他們重複這麼做三次，而且每次都要全力
以赴。到了週一，所有受試者都會交一份明細，列出他們
在週末做了些什麼，以及他們所感受到的情緒為何。最關
鍵的發現是，那些遵照指引的人在週末時體驗到的正向情

緒較多。對情緒不穩定性較高的受試者來說這種傾向尤其明顯，而這些受試者都說平常他們很難調整自己的情緒。如果你希望自己的情緒不穩定性降低，這個方法對你來說可能會很有效果。

不過，情境選擇策略並沒有看起來那麼簡單。想把這個策略性方法帶入我們的生活和人格發展中，有個非常不幸卻又重要的障礙，那就是，在大部分時間裡，我們都不是很知道該怎麼預測不同的情境會帶給我們什麼樣的感受。心理學家稱這種技巧為「有效預測」，他們發現，我們經常會高估那些極罕見卻又戲劇性的事件對我們正面和負面情緒的影響。我們以為中了樂透頭獎會讓我們一輩子都處在興奮的狀態之中，又或者要是下週的考試考砸了，會讓我們痛不欲生，但實際上，我們很快就會適應這些單一事件，並回歸到我們平常的情緒基準。

於此同時，我們往往也低估了那些不斷重複、不太重要的日常經歷所累積起來的影響。在這裡我指的是那些簡單的日常小事，比方像是你去上班時所走的路線。想想看，如果你能夠在途中經過公園，或許會多花一點時間才能到公司，但可以讓你每天的心情都稍微振奮一些些。研究建議，每天只要運動短短十分鐘，就能夠讓我們的快樂感增加。

又或者是每天和你一起吃午餐閒聊的同事？當然，跟你已經認識好幾年的人聊天會很輕鬆，但如果她是生性暴躁的人——或說缺少「情緒風采」——那麼她勢必會讓

你每天跟她說完話之後都覺得提不起勁來。另外就是你每天晚上花在看電視上的時間。身為一個看過無數套影集的人，我很清楚伸手拿起遙控器是件多麼誘人的事。但觀看內容是關於毒販或連續殺人魔的最新影集，可能不會讓你的心情太好，也不會幫助你找到人生的意義，至少就這個層面來說是如此。

你也可以看看在上床睡覺前你可以做哪些事，這也是情境選擇策略的一部分。擁有充足的睡眠絕對是一件能夠讓你心情變好的事。近期一項超過兩萬人參與的研究發現，比最佳睡眠時間—— 7-9 小時——少睡 1 個小時，出現像是絕望或是緊張這類負面情緒的風險可能會提高 60%到 80%。儘管如此，我們許多人還是一次又一次時間到了不睡覺，寧願熬夜追劇看「權力遊戲」，或是在社交媒體上和人聊天，這也是心理學家稱之為「睡前拖延症」的文明病。為自己設立一些簡單的基本原則，像是臥房裡面不放 3C 產品，這麼做能夠幫助你克服這個壞習慣。

對某些人來說，將這種較策略性的方法帶入生活中會比其他人容易。尤其是那些親和性很高的人，他們通常都有很精明的直覺，知道該選擇什麼事情來打發時間，也總是會讓自己處在愉悅的情境中，而這也讓他們的人格更溫暖、快活，同時能夠避免衝突。而我們其他這些沒有被賦予這種直覺的人，還是可以藉由努力挑選對我們的心情和人格發展有益的情境，從中學習到許多。

一個很簡單的大原則就是，盡可能努力去找出任何能

夠幫助你變得更外向、更友善的活動和人物。一個很有趣的研究找來了超過一百位大學生，連續兩週的時間，請他們每天晚上在日記中記錄下當天的行為和心情，結果發現，他們在自己比較有社交性、比較友善，而且比較有責任心的那些日子，會感到比較快樂。重要的是，無論他們本身的人格側寫如何，這一點都沒有不同，包括內向和外向的人都是。這大概是因為這樣的行為舉止能幫助我們滿足身為人的基本需求，也就是感覺到與他人有連結、覺得自己有能力，而且能掌控自己的生活。

飢餓與酒後之勇

這一個單元有個重點我到現在還沒有談到。很多時候，我們的行為和心情不止會因為我們跟誰在一起、做了什麼事而受到影響，那些我們放進嘴巴裡吃、喝或吸的東西，也一樣會帶來影響。不用說，會影響我們大腦功能的物質同樣也會引發短期的人格改變。畢竟，它們會改變我們的想法和行為。不過，這些影響究竟會是什麼，它們是不是會因為我們平常的人格類型而有所不同呢？

最常見的例子就是飢餓（或是低血糖）。飢餓影響我們大腦功能的方式與打或逃反應很類似，飢餓會讓我們冒風險的意願增加（暫時性的高外向性與較低的責任心），並讓我們失去耐心、無法容忍（親和性較低）──被稱為

「hanger」的一種效應 *。

關於這部分我最喜歡的案例就是這項研究：請異性夫婦每天晚上睡覺前，拿針插在代表另一半的巫毒娃娃上，研究人員告訴他們，對另一半感到越生氣，就插越多支針在娃娃上。同時研究人員也會監測受試者的血糖值高低。他們發現，在血糖值比較低的晚上，受試者會插比較多支針在娃娃上。如果你計畫要節食或想跳過早餐不吃，飢餓對心情與當下人格的影響，絕對值得你牢記在心。

酒精則是提供了物質對人格造成影響的另一個更戲劇化的範例。基本上，就如你一定也親身體驗過的一般，酒精所帶來的神經性影響會讓我們變得更不受控，也更衝動；用人格的專有名詞來說，我們的外向性會增加，責任心則是會降低。透過請人們為自己在清醒與酒醉後的人格分別進行評分，同時也請他們的好朋友為他們評分，這個影響模式目前已獲得科學上的證實。其他研究則是錄下喝得微醺的人的影像，然後請互不認識的旁人來觀看，並對他們進行人格評分。

就整體來看，這個研究確認了我們已經知道的事：喝了酒之後通常會讓我們更外向，但是其他特質都會變低——親和性、開放性、責任心，以及情緒不穩定性都會降低（也就是說，情緒上會更穩定）。這個研究的一個微妙

註：hanger 為 英文 hungry（飢餓）加 anger（憤怒）的複合字。意指在肚子餓的時候就會無緣無故生氣的人。

之處是，觀察者從喝酒的人身上發現，他們只有外向性會增加（尤其是在合群、自信和活動力的程度這些方面有所增加），並且，雖然較不明顯，但情緒不穩定性也會降低。他們沒有發現其他任何的人格改變，比如說開放性較低，這可能是因為這些部分比較會基於我們個人的想法和感覺而有所不同。

絕大多數關於酒精影響的研究，都將適量酒精會造成的人格改變平均化了，但當然，我們每個人對酒精的反應絕對都不一樣。近期心理學家在看不同人在酒精影響下所出現的人格改變有何差異時，歸納出四種主要的酒醉人格，同時也為這四個類型取了有趣的名字。看看你能不能在其中找到自己：

厄尼斯特・海明威：你喝醉時不會像其他人那樣，你不會有什麼改變，特別是你還能夠保有自己的經驗開放性與直覺。

瑪麗・包萍：你喝醉時很迷人，特別是你平常清醒時的親和性，並不會因此受到任何影響（這是此研究中人數最少的一個類別）。

變身教授：你不喝酒的時候是個內向的人，但是當你喝醉時，你的外向性會大大提升，而責任心則是會降低。（我很不想承認，但這就是我。）

海德先生：你喝醉的時候會讓周遭的人感到很不愉快，特別是你的親和性和責任心會大幅度降低——因此你很可

能會去做危險的事，而且也很容易會得罪其他人（在此項研究中，符合這個類別的女性比男性多）。

在你驕傲地把自己歸類為海明威或是瑪麗‧包萍之前，還是應該先看看朋友們是把你歸在哪一類。我敢打賭，我們之中有許多人對自己酒醉時人格的判斷，在某種程度上都不太可信。事實上，一份有數百位英國大學生參與，令人會心一笑的調查也顯示出同樣的結果。研究人員發現，學生們大多都會描述自己喝醉時的行為跟清醒的時候沒兩樣，但其他人不一定有同感，同時他們也認為自己是個「好醉鬼」，但其他人可就不是了。「我喝醉時會變得很開心，所以跟我在一起會很好玩，我不像其他人會喝過頭，然後就完全失控」是個很典型的意見。

這時候很自然就會出現一個問題，特別是如果你是變身教授型的人，而且希望讓自己暫時變成更外向的人，那麼，利用酒精來刻意轉換你的人格這個做法是否明智？當然，任何濫用酒精而獲取的暫時性好處，都必須拿來跟對健康與社會有害的影響相互權衡，其中包括了罹癌以及婚姻破裂的風險都會增加。同時要注意的是，**就人格改變的角度來看，觀察危險的長期酒精攝取會造成什麼影響的研究結果也發現，沒錯，酒精會帶來外向性的提升，但同時也會降低親和性、責任心，並提高情緒不穩定性——並不是很吸引人的一種組合。**

但即使先撇開不健康的酒精依賴這個嚴重的問題不

談，如果你正在考慮要利用酒精來促成短期的人格改變（不只是變得更外向，或許還想讓情緒不穩定性和焦慮也跟著降低），那麼你還有其他面向得考慮：酒精的效果可能會與前因後果有關。就拿心情來說，雖然我們通常會覺得適量飲酒能振奮我們的心情，但更深入的研究卻顯示，酒精的效果比我們想得更具體：它會讓我們覺得更身在當下、更集中專注，而且不會受到慣性情緒或近期經歷的影響。

好消息是，如果你身處愉快的情境中，做著你很享受的事情，而且是跟你喜歡的人在一起，那麼飲酒就很有可能會讓你的愉悅感更強烈。在社交場合中，很顯然地，飲酒也更容易把一個人的好心情感染到其他人身上。但如果現在的你情緒低落或是感覺痛苦，又或者你只能獨自一人滿懷憂慮，那麼你得小心了，喝酒很可能會讓你的感覺更糟。

在談論到酒精的安撫效應時，也有類似的微妙之處需要考量。酒精最大的好處是能夠幫助我們降低一般常見的恐懼或不確定性——因此，這也就是為什麼有時候它是安撫社交焦慮很有效的振奮劑。然而，對於要緩解那些你知道一定得面對的具體恐懼來說，它就不是那麼有效了，像是你得進行一場工作簡報，或是在婚禮上進行伴郎致詞。值得注意的是，儘管喝一兩杯酒能夠在上台前安撫你的緊張感，但酒精很可能會防礙你的表現，因為它會損害你的心智技能，雖然在學習外語的時候，酒精很明顯能夠讓你

說起話來更加流利，但這很可能是因為它降低了你的自我意識。

　　酒精的短期人格影響可能也會根據你的人格類型而有所不同。一項研究拍下了陌生人透過酒精飲料來認識彼此的過程，結果發現，尤其是外向的人會說，他們覺得酒精能讓他們的心情更強烈，同時幫助他們覺得與其他人更加親近，或許這是因為外向的人原本就已經很享受了，而酒精會更強化當下的心情。酒精對外向者與內向者所帶來的影響差異，也幫助說明了為什麼外向的人會更容易出現濫用酒精的狀況：他們發現喝了之後會更愉快，所以就會更想喝更多。

離不開咖啡因

　　聽到咖啡因是全世界最多人服用的精神興奮劑，你一定不會感到驚訝。精神興奮劑是藥物的一種品類，其中包括了像是古柯鹼和安非他命這類會增加腦部和神經系統活動的非法藥物。在美國，約有 80-90％的成人會經常性地攝取咖啡因，通常最多的是來自於咖啡，但茶、提神飲料和巧克力也都有。**經常性喝咖啡的人——我在說的就是你，作家和學生們—— 一定非常熟悉咖啡因對腦部的影響，特別是咖啡因會增進警覺性和專注度，也因此，至少暫時性地，也會對人格帶來同樣的影響。**

咖啡因會透過快速阻斷腦部化學物質腺苷酸的作用，進而產生刺激性的影響，而平常腺苷酸的功能是減緩我們的呼吸並降低我們的血壓，讓我們感到冷靜。咖啡因則是藉由阻斷這種化學物質的作用讓我們動起來。有大量的文獻顯示，適量攝取——舉例來說，一次一至兩杯的量——咖啡確實能夠讓我們的頭腦變得清晰敏銳，尤其是那些所謂的低階心理功能，舉例來說我們的反應時間，以及長時間保持專注的能力。而這對那些感到疲倦的人來說效果又更明顯，像是熬了一整夜沒睡的學生或警衛。

這對短期人格改變來說又代表了什麼呢？很明白的一點是，咖啡所帶來的心智與心理影響，會立即提升我們的責任心。如果你在顯示著財務報表的電腦螢幕前打瞌睡，或是提不起精神去健身房，那麼咖啡或含有咖啡因的提神飲料應該就能幫上你的忙，有效地讓你暫時表現得像個生來就具有高責任心、高外向性的人（因為外向的人通常都更為精力旺盛，行動力也比較強）。

然而，並不是只有好的效果，咖啡因的影響跟攝取劑量有密切的關聯，而你自己大概也已經發現，如果喝太多，咖啡會讓你感到坐立難安且焦慮不已。早期有些研究認為，尋求刺激的外向者比內向者更享受咖啡所帶來的好處，這個結論是基於研究認為，外向者原本的神經活動力基礎線就比較低，所以喝咖啡會讓他們感到過度焦慮的風險較低。（如果這個論點是真的，那麼就能夠解釋為什麼追尋新奇事物的外向者，會比追尋平靜安寧的內向者喝更

多咖啡了。）後來的研究也無法再現咖啡因的影響與人格之間的互動關係，雖然看起來至少從人們主觀的體驗（而非客觀的影響表現）來看，人格不同還是會有所差異。舉例來說，另外一項研究發現，外向者說咖啡會讓他們感覺更有精神，而情緒不穩定性分數高的人則說，咖啡會讓他們感覺更焦慮。

如果你是高度情緒不穩定，且經常會過度焦慮的人，那麼你確實可能得非常小心別攝取太多咖啡因。甚至還有一種正式的心理疾病叫做「咖啡因焦慮症」。如果你平常是個很放鬆的人，那麼喝太多咖啡並不會讓你變得緊張兮兮，但如果你很容易焦慮，有證據顯示，你可能會對咖啡因帶來的生理與心理影響更為敏感，而且可能會因此引發極度緊張，甚至是焦慮症發作的狀況。

像 Red Bull 和 Monster 這類很受歡迎的提神飲料，就跟老派的濃縮咖啡一樣，也有引發焦慮的潛在可能。提神飲料中內含的咖啡因比雙份濃縮咖啡還多，含糖量也非常高，一直以來在美國和英國，都有人呼籲要禁止販售這類飲料給孩童和青少年。

2018 年初，對提神飲料的憂慮在英國達到頂峰，一位年輕男子的父母控訴，過度攝取提神飲料——1 天 15 罐——是造成男子自殺的主因。這樣的指控並不過分。研究發現提神飲料與精神疾病復發之間有著關聯——尤其是情緒不穩定性分數高的人機率更高——部分原因是由咖啡因所引發的焦慮，但同時也因為提神飲料會對精神疾病藥物

的效果產生化學性的干擾。另一個擔憂是跟酒精一起飲用提神飲料的流行趨勢，這可能會讓大家低估了因為提神飲料讓他們保持長時間清醒，所以他們更容易狂飲而造成的嚴重酒醉狀況。

然而，另外一個必須牢記在心的議題是，就跟其他能改變心智的藥物一樣，當咖啡因逐漸從你的大腦中消退時，同樣也會產生戒斷作用，而這可能會讓你頭痛並感到情緒低落。這是另一個喝咖啡的效益消退後，會讓你暫時出現情緒不穩定性增加的原因。

太空蛋糕與迷幻藥之旅

在某些咖啡館的菜單上，咖啡因並不是唯一的藥物。我還記得和當時是我未婚妻的太太，一起為了她的學士論文前往阿姆斯特丹進行了一趟研究之旅，而（如你所料）我們等不及要去那裡的咖啡館嚐嚐當地美食：加了大麻烘烤和沖泡的「太空蛋糕」和「太空茶」。

我們覺得自己很叛逆──在家鄉英國，從當時直到現在，大麻都仍是違禁品。我記得我們興奮地看著彼此的眼睛，等待著這場冒險啟程。老實說，一開始讓人覺得有點失望：什麼事都沒發生。當時的我們還不知道，用這種方式攝取大麻跟用吸的不同，需要更長的時間才能發揮它改變心智的作用。不過，還是很有趣。最後我們並沒有展開

一趟心智迷亂的冒險之旅，反而是兩個人咯咯傻笑著，試著在彼此的話語和行為中找出任何一絲大麻帶來的影響。

　　全世界有數百萬人在使用大麻，它跟咖啡因和酒精是非常不一樣的東西。大麻的組成和作用更為複雜，某種程度上也更難以捉摸。它的成份中對心智有影響的主要化合物是四氫大麻酚（THC）和大麻二酚（CBD），它們對大腦和全身的大麻素受體會產生不同的作用。然而，典型的大麻含有超過一百種其他相關的化學物質，而每一種都各自有各自對心理與生理的影響，至今醫療科學還無法完全釐清。化學成分的複雜度與多樣性也解釋了為什麼大麻的主觀性影響差異非常大。有人說大麻會讓他們在許多方面都變得不一樣，其中包括讓他們感到平靜和愉悅、時間變得緩慢又或是變得更快，大麻還可以讓他們體驗到領悟和極罕有的洞見。

　　在心理實驗室所測量的基本心智功能方面，大麻的影響與咖啡因形成鮮明的對比。大麻會損害我們的記憶，以及我們維持與轉移注意力的能力。有些專家認為，如此長期下來，真的會出現所謂的「大麻無動機症候症」，就跟刻板印象中無所事事的人一樣，心態閒散到完全不想做任何事。近期一項對數百名大學生進行的研究發現，吸食大麻菸的人比較沒有動力和耐力，即便研究在一開始就先對不吸食大麻菸者的基本人格差異做了控制，結果仍是一樣。用人格的專有名詞來說，你可以將這些研究的發現解讀成，如果你不斷重複服用，大麻會同時在當下與長期損

害你的責任心。

　　大麻再加上其他藥物，當然風險就會加倍。在搖滾樂的世界，這是很常見的事，絲毫不令人驚訝，這裡提供了數不清的軼聞證據，證明吸毒是如何對人格帶來破壞性的影響。舉例來說，滾石樂團的查理·沃茲（Charlie Watts）長年來嚴重酗酒、吸食大麻和海洛因等各種成癮物質，他告訴《紐約時報》吸食毒品是如何成為愛他的人的「惡夢」，以及他的「人格是如何徹底地改變了」。

　　讓我們公平一點，談到大麻的影響時，同樣也有許多來自音樂界的正面軼事趣聞，其中包括了大麻能夠大大提升創造力。舉例來說，海灘男孩（Beach Boys）創團成員之一的布萊恩·威爾森（Brian Wilson），就歸功於大麻幫助他完成了他在 1966 年出版的專輯《寵物之聲》：「我一邊聽著〈橡膠靈魂〉（Rubber Souls）一邊抽大麻菸，整個人眼界大開，然後我立刻跑到我的鋼琴旁邊，跟朋友一起寫下了〈只有神知道〉（God Only Knows）這首歌。」他在 2015 年跟總部位於丹佛的音樂網站「Know」如此說道。

　　有些研究也支持大麻具有讓心智劇烈擴展的效果這個說法，這也暗示了它能夠暫時提升我們對經驗的開放性，尤其是那些平常心態比較封閉的人。其他的研究也發現，平常會使用大麻的人，即便在清醒的時候進行創造力的測驗，他們的表現也比沒有使用的人要好，這有可能也顯示出大麻對他們人格的開放性具有更持續性的影響。相對

地，近期的一項研究表示，或許那些原本心態就已經很開放的人，更有可能會使用大麻。同一項研究也發現，大麻使用者比非大麻使用者更外向，但責任心較低。

在大麻菸對焦慮的影響方面，有些個性緊張的人發誓，大麻菸能幫助他們放鬆，但同時也有證據顯示，大麻會導致焦慮的問題。之所以會出現這樣矛盾的影響結果是因為，就含量和強度來說，大麻的化學成分差異實在太大了，完全取決於你是從哪裡取得它們（值得注意的是，根據美國緝毒局的資訊顯示，在過去幾十年間休閒用大麻的強度大大增加）。大麻的效果也會根據你個人的性格（不過具體是如何影響，目前尚未有徹底的研究）、你的期望值、你有多常使用大麻，以及你會使用大麻多長時間，而有所不同。

心理學家蘇珊・史東納（Susan Stoner），同時也是華盛頓大學一篇大麻對心理健康所造成之影響的報告作者，近期將這些結果做了很好的統整，她對《Vice》雜誌這麼說：「目前能看到的大麻菸或是大麻產品，對任何特定的人所產生與焦慮相關的影響，都只是單純的臆測。」有些人的建議是，如果你想獲得讓自己平靜的效果，你應該要尋找的是含有較多 CBD、較少 THC 的大麻，但以目前的科學階段來說，如果你想要用大麻來降低情緒不穩定性，無論是暫時或是長期，你絕對都是在拿自己下賭注。

另外一類也對人格具有強大影響的藥物是迷幻藥，包括了 LSD（也被稱為搖腳丸）、賽洛西賓（魔幻香菇中的

成分）、K 他命，以及搖頭丸（MDMA）／快樂丸。

迷幻藥會改變意識並引發幻覺。就神經層面來說，迷幻藥會讓大腦中的熵程度提高，意思也就是，讓大腦不同區域中活動間的同步性變低，而不可預測性則是提高。這樣的改變被認為能夠促進我們學習新事物，並打破舊有的思考窠臼。迷幻藥同時也會降低大腦中被稱為「預設模式網絡」的活動，這部分的活動與自我反映及自我意識有關。而這也被認為是造成自我崩解，讓人產生一種與世界合而為一感受的原因。「我覺得自己就像是沙灘上的一粒沙──既微不足道，卻又是不可或缺的渺小存在。」這是首次嘗試迷幻藥的服用者所描述的感覺。

就定義上而言，這些藥物幾乎已經被認定會促使服用者以不同的方式來看待世界，而這也顯示出它們會暫時地增加人格特質中的經驗開放性。確實，與魔幻香菇有關的研究也指出，服用後會帶來至少 6 個月的人格改變，其中包括了「人際關係的親近、感恩的態度、人生的意義或目的、超越死亡、日常靈性體驗，以及宗教信仰與應對能力」──用人格特質的專有名詞來說就是，開放性增加，情緒不穩定性降低，親和性也增加。超過一半的受試者形容，他們在用藥時就像是經歷了一場「有生以來最靈性也最令人印象深刻的體驗」。另外一些近期研究也指出，MDMA能幫助增加心理治療的有效性，而之所以能達到這樣的效果，是因為它能藉由增加人們的開放性，幫助他們用全新的眼光來看待過去的創傷經歷。

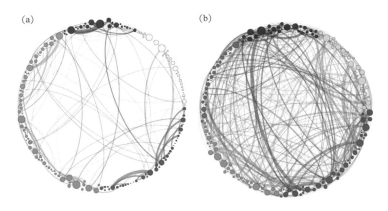

從 2014 年一項研究中簡化後的影像顯示，平常大腦裡的神經連結如 (a) 所示，受到迷幻藥影響的大腦則是如 (b) 所示，而在 (b) 的大腦中，平常並不相連結的大腦各個區域之間出現了更多的交流。像這樣的大腦變化，被認為是因迷幻藥作用所造成的顯著人格改變之所在，其中包括了心態的開放性與自我解體。

　　別忘了，迷幻藥在絕大多數地方都是非法的，實驗研究會非常小心地控制使用的劑量，但在一般的休閒娛樂狀況中要控制劑量就困難得多了。若不夠謹慎小心，使用 LSD、MDMA 和魔幻香菇會帶來各種危險，從出現幻覺、脫水到焦慮，不一而足。此外，也會有所謂「過程很糟糕」的風險，特別是在少了「嚮導」的情況下，還有情緒不穩定性高的人也較容易發生。在治療研究與針對持續性人格改變的研究中，受試者都不是單純服藥而已，他們還會接受合格治療師的密切支援，以及諮詢師的引導。事實上，我之前提到的魔幻香菇研究還加入了冥想與靈性訓練。這個領域的執業人員一直以來不斷重申，想要塑造出迷幻藥體驗的調性，建立正確的「心態」與設定非常重要。若不然，想基於這項研究就將服用搖腳丸或類似藥物視為一種

達到開放性人格既簡單又快速的方式，就會是個錯誤。

　　想要發展更具開放性的人格還有一種更安全的方式，那就是試著重新創造迷幻藥物可以帶來的那種眼界大開的效果，但不需要真的去服藥。**練習冥想的人經常表示他們會出現幸福或是超脫的片刻，而這些片刻永久地改變了他們與現實世界的關係**。對其他人來說，這類的超凡經歷可能來自於大自然——像是山頂的壯闊景色，特別是如果攀上山巔的挑戰讓你學到了新課題，那麼感受會更加深刻，又或者是潛水時親眼目睹熱帶魚身上斑斕奪目的螢光色彩，這也可能足以永久改變你這個人，完全不需要吃什麼藥。

沒有任何人是座孤島

　　本單元的課題是雙重的：我們的人格並非存在於真空狀態中（而是受到跟我們在一起的人，以及我們所扮演的角色所影響），我們的人格特質不但會從我們長期的行為和情緒傾向中呈現，也會在當下出現變化，特別是在強烈的情境之下，以及每當我們攝取會改變心智的物質時。

　　情境與人格之間的互動關係，也使得那些呈現人格特質與情緒會像傳染源一般擴散至整個社交網絡的研究，顯得合情合理。有一項研究發現，如果你的朋友很快樂，你會更快樂（一種情緒不穩定性低且外向性高的標記）；甚

至是你朋友的朋友的情緒，也會對你有所影響。同樣地，粗暴又令人討厭的公司文化也會在每日浸淫的狀態下改變你自身的人格，讓你很可能會變得更暴躁也更不耐煩。

　　值得慶幸的是，同樣的規則也可以套用在正面的情緒與行為上。坐在專注度很高的同事旁能提升你的責任心，舉例來說，當職場上有更多人做出正向的舉動——幫助其他的同事，並且願意再多做一點——不止是對施與受的雙方有益處，這種無私的行為方式也會吸引其他人仿效，致使最初的受惠者自己也開始願意付出更多。換句話說，如同粗暴的公司文化會滲透且形塑我們的人格，一個令人愉快的職場（同樣適用於家庭或團隊文化）同樣也能朝正面的方向來形塑你的人格。這些正向的互動也會出現在家庭伴侶之間。另外一項研究發現，當伴侶中的一人帶著整天在辦公室的愉快心情回家時，這樣的心情會影響另一半，在一天即將結束之際，讓另一半的自尊心有所提升。

　　另外一個需要考量的因素是，我們所處的各式各樣情境以及跟我們在一起的人，都不是實體而是虛擬的。舉例來說，如果你花了半小時在推特或臉書上和酸民爭辯，這種強烈的情境就會在你的心情和你當下的人格留下印記，很可能會讓你變得情緒不穩定而且更為暴躁。然而，在這方面的研究結果是矛盾的；一項研究詳細列出了社交媒體的好處，像是能夠增加我們的歸屬感，而另外一項研究則是顯示了相反的結果。但我想說的是，如果你把時間花在

一個讓你討厭或羨慕的人的社交媒體內容上，很可能會為你的短期心情和情緒帶來有害的影響。經常習慣性地這樣做的話，最後很可能會對你的人格造成長期性的影響。

　　無論我們在討論的是實體或是虛擬的情境，背後隱含的道理都是相同的：如果你想要改變自己，你會發現，如果你能夠對那些會影響你心情或行為的社交舉動和情境更為留心注意，尤其是任何一種長期下來會日漸累積並形塑你人格的外在壓力，這樣就比較容易能夠成為你想要的自己。這聽起來像是個警告，但其中也不乏令人振奮的消息。透過更有策略性也更周全地選擇你要去的地方、你想要在一起相處的人，以及你想要做的事，你會發現，你可以在改變自己的過程中有加速的進步。

改變人格的十個可行步驟

| 降低情緒
不穩定性 | ● 幾乎所有人偶爾都會感到焦慮，但我們每個人處理這種情緒的方式並不一樣。練習將焦慮看作是一位能激勵你的朋友，而不是你需要去打敗的敵人。將你的焦慮引導到為事情預做準備之中，你就能讓焦慮為你效勞。事實上，無論是在職場或運動場上，優秀的表現都來自於訓練與焦慮的結合。
● 當你受到刺激或被激怒，覺得自己血液都快沸騰時，從第三者的角度來看這個情境，就把自己當作是牆上的一隻蒼蠅。用這種方式來進行心理疏離，這已被證明能夠減輕憤怒，同時也能幫助避免你亂發脾氣。 |

改變人格的十個可行步驟（續）

增加 外向性	● 下次當你遇上讓你感到不舒服的社交情境時，試著將之重新解讀成是一種興奮刺激，而不是去壓抑這種生理上的感受。這個被稱為「認知再評估」的技巧能夠幫助你在派對和其他社交場合中更享受自己。 ● 外向並不只是很會聊天和社交而已；外向也代表了更有行動力。想想你喜歡的活動有哪些，下一次當你閒閒沒事做的時候，答應自己一定要出門去，從事能夠讓你感到愉快的活動，像是騎越野腳踏車、做園藝或是去當志工。
增加 責任心	● 養成習慣每週寫下你的短期目標和任務跟你人生的長期目標與價值觀之間有什麼樣的關聯性。當你可以看見你今天的努力與未來你能夠獲得的成果之間的關聯性，你的責任心就會增長。 ● 當你面對一份艱難的任務時，想像你是以自己所崇拜的人的角色來做這份工作；這個角色可以是真人或像是蝙蝠俠這樣的虛擬角色。近期研究發現，小朋友在把自己當成蝙蝠俠時，能夠花更多時間在眼前的任務上，這可能是因為用這個方式創造出與自己的距離，讓他們更容易能夠抵抗誘惑，並以長期目標為優先 71。如果對小孩有用，為什麼不試看看呢？
增加 親和性	● 每週，想出一個你認為在過去對你很不好的人，大聲地對自己宣告你原諒那個人，他或她沒有虧欠你什麼。撇開定期練習原諒的道德理由不談，這個習慣也會對你的心理和生理帶來益處，並增加你做出利他及友善行為的傾向。 ● 研究人員已經確認四種需要避免的自我破壞習慣，以免給別人帶來你是個混蛋的印象。(1) 不要反面誇獎別人（舉例來說，「在女性之中妳算是強壯的」），這聽在對方耳裡是種貶低。(2) 不要假裝謙虛地自誇（舉例來說，「我在健身房練出好多肌肉，多到我都得去買新衣服才行了」）。別人只會覺得你在老王賣瓜。(3) 不要假道學（別在自己要搭飛機去度假前大談特談氣候變遷）。(4) 切忌狂妄自大（最好拿你現在的成功來跟你自己過去的表現相比，而不是貶低別人）。

改變人格的十個可行步驟（續）

增加 開放性	● 如果你有資源的話，承諾自己你會走訪全世界各地各種陌生的地方。新的景象、聲音、味道和路線，都能夠增加你的開放性。 ● 想想你花最多時間相處的人是誰。研究顯示，當你感覺受到威脅或是不被尊重時，你很可能會以防禦的方式死守你的信念，也更容易不懂裝懂。相反地，當你覺得被信任而且被尊重時，你很自然地就會準備好讓自己更有彈性，心態上也會更開放。

Chapter 5

我，
選擇改變

　　剛上大學後不久，我就開始為我的同學麥特感到難過。他完全沒有交到任何朋友，而且非常孤單。他的宿舍位在校園最偏遠的地方當然也要負部分的責任，但我得承認，我無法不認為他的人格也是因素之一：他非常內向而且很無趣。

　　我跟麥特出去過幾次，主要是因為他看起來實在太可憐也太孤單了。我永遠不會忘記我們倆最後一次單獨相處的那天，他告訴我他有了個啟發。他說自己上大學不是為了來虛耗時間的，所以他做了一個重大的決定：他要改變自己，讓自己變得更會社交。我對此感到懷疑。就跟其他許多人一樣，我當時也覺得人不會真的改變，至少內心不會。

　　但那真的是我最後一次看麥特一個人落單。從那時候起，他總是跟一群朋友在一起，或者是去校園內的一間酒吧打工。他每次看起來都很開心、很活潑的樣子，經常跟其他人一起大笑。他真的改變了，或至少看起來如此。他的快樂並不會令人太過驚訝：平均來說，外向的人會比內向的人快樂。事實上，內向的人經常低估了如果他們多做些外向行為所能夠獲得的樂趣。

　　麥特的故事令人很難信服嗎？應該不會才對。別忘了，某種程度的人格改變是很常見的事。你的人格特質不但會受到像是心情以及跟你在一起的人所帶來的立即影響，同時也會受到像是婚姻或移民這類重大事件的影響。除此之外，也會隨著你步入高齡而逐漸變得成熟。

　　不過當然，被動的人格改變就彷彿是一艘隨風勢起伏

的船，與靠意志力而行動的刻意改變相比，兩者之間有如
天差地別，就如同我在麥特身上親眼目睹到的情況。因此
這裡有個很吸引人的問題：你是否能夠利用人格的可塑性，
以具體的方式來改變自己？如果麥特的故事並不是單一事
件，而且只要透過採取具體行動或做出人生的關鍵抉擇，
你就能夠打造自己的人格，變成一個，舉例來說，更外向
或更冷靜、更有責任心的人，那會如何？

　　花豹是否真的能夠將身上的花紋換成條紋呢？

改變的案例

　　這個主題絕對不止於個人與科學的好奇。如同在第一
單元曾討論到的，有越來越多研究都顯示出你的人格特
質會如何影響你的人生走向。外向的人會比內向的人更快
樂，但他們也更容易出現酗酒和吸毒的問題。而一般說來，
情緒不穩定性高的人出現心理問題和罹患生理疾病的風
險，也比其他人要高。事實上，近期一項瑞士研究追蹤了
同一群人超過 30 年的時間，結果發現，外向性低且情緒
不穩定性高的人，在研究過程中罹患憂鬱症和焦慮症的可
能性比其他人高了 6 倍。

　　與此同時，你的責任心程度也很有可能會影響你是否
做出健康的行為，像是吃得營養並規律運動。而如果責任
心較高，你也更有可能在學業和事業上有更好的表現。擁

有較高的責任心和經驗開放性，甚至能夠降低你罹患阿茲海默症的風險。還不只如此，研究認為，人格特質能夠影響壞事發生的風險——在某些情況下形成一種惡性循環，因為那些不幸的事件很可能會以無益的方式塑造你的人格。舉例來說，就如我在第二單元曾討論到的，情緒不穩定性高且親和性低的人，離婚的可能性較高。反過來說，經歷離婚的過程會降低你的外向性，導致你變得更加孤立。同樣地，如果你的責任心較低，你就比責任心高的人更有可能會失業，反過來說，失業又會讓你的責任心更為低落。

主要人格特質與健康幸福之間的關聯性

	典型心理健康的人格 [a]	心理學家認為與各種幸福測量方式最為相關的人格面向 [b]	與生理健康相關的人格面向
情緒不穩定性	情緒不穩定性低，特別是憂慮、憤怒、憂鬱、衝動和脆弱	不容易退縮（也就是不輕易灰心或是被擊垮），與情緒不穩定性低有關	情緒不穩定性高與腸道壞菌較多以及血壓較高有關
外向性	外向性高，特別是溫暖與快樂（以及其他正向情緒）	極富熱誠（與友善和溫暖有關），與主要特質的外向性有關	外向性高與擁有更多樣性的腸道細菌（代表更健康）有關，但成癮的風險也較高
開放性	經驗開放性高，特別是會去關注自己的感受	知識面的好奇心很高（包括會做更深入的思考，也會對新想法抱持開放的心態），與主要人格特質的開放性有關	開放性高與身體長期發炎的標記較少有關
親和性	親和性高，特別是誠實和坦白	極富同理心（同情並關心他人），與親和性有關	親和性低與心血管疾病的高風險有關

主要人格特質與健康幸福之間的關聯性（續）

責任心	責任心高，特別是知道自己有能力並且能自制	高度勤奮（勇敢、有決心、有衝勁），與人格特質的責任心有關	責任心高與較低的可體松濃度（壓力的生理標記）有關，身體的長期發炎狀況較少，腸道的細菌也更健康

　　特別令人訝異的是，在許多案例中，人格特質對人生所發揮的影響力，跟某些你可能認為很重要的因素相比，其實相去不遠，甚至可能更高，像是你出生的家庭是富裕或是貧困、你的智力高低，或者是與健康和長壽有關的，你的血壓。

　　我們聽過太多政治人物談論他們的經濟發展規劃和公共衛生提案。但幾乎沒有什麼人提到要幫助大家發展更有益處的人格特質。但現在已經出現改變的徵兆——舉例來說，有越來越多人呼籲要在學校裡教「人格技巧」——但令人驚訝的是，大家還是很少意識到人格特質對生活具有無與倫比的重要性。

　　在我們探討是否真的能刻意用有益的方式來改變你的人格之前，包括在成人之後，讓我們先退一步。想要擁有不同的人格是很自然的事嗎？這是我們絕大多數人需要去做的事嗎？又或者我們絕大多數的人都早已渴望有所改變了呢？

想要不一樣很正常嗎？

　　首先，你是如何呢？以下這個簡短的人格測驗將會揭露你是否想要、以及想以什麼樣的方式來改變自己的人格，測驗內容按照五大人格特質來分類。

你對自己的人格有多滿意

	比現在的我再多很多 2分	比現在的我再多一點 (1分)	我很滿意現在的我 (0分)	比現在的我再少一點 (-1分)	比現在的我再少很多 (-2分)
1 我想要變得更多話					
2 我想要有更生動的想像力					
3 我想要變得更寬容					
4 我希望自己是個更可靠的員工					
5 我希望自己是一個放鬆的人，面對壓力時能夠更從容					
6 我希望自己是一個活力充沛的人					
7 我希望自己是一個受到大家信任的人					
8 我希望自己做事很有效率					
9 我希望能更有創造力					
10 我希望自己的情緒能夠更穩定，不要那麼容易生氣					
11 我希望自己有自信					

你對自己的人格有多滿意（續）

12 我希望自己能喜歡與他人合作	
13 我希望自己是個懂得計畫並且能徹底執行的人	
14 我希望自己能對各種不同的事物懷抱好奇心	
15 我希望自己能在緊張的狀況中保持沉著冷靜	

計算你的測驗分數

- 把第 1、6、11 題的回答分數加總起來（別忘了，「比現在的我再多很多」是 2 分；「比現在的我再多一點」是 1 分；「比現在的我再少一點」是 -1 分；「比現在的我再少很多」是 -2 分）。你的總分會落在 -6 分和 6 分之間。你在這幾題的分數越高，就表示你越想要變得更外向。

- 把第 2、9、14 題的回答分數加總起來，你的總分會落在 -6 分和 6 分之間。你在這幾題的分數越高，就表示你越想要自己的心態更開放性。

- 把第 3、7、12 題的回答分數加總起來，你的總分會落在 -6 分和 6 分之間。你在這幾題的分數越高，就表示你越想要讓自己更親和。

- 把第 4、8、13 題的回答分數加總起來，你的總分會落在 -6 分和 6 分之間。你在這幾題的分數越高，就表示你越想要讓自己更有責任心。

- 把第 5、10、15 題的回答分數加總起來，你的總分會落在 -6 分和 6 分之間。你在這幾題的分數越高，就表示你越想要讓自己的情緒更穩定（更不神經質）。

　　對每一種人格特質來說，0 分就代表你對自己的這個部分很滿意。比較你在不同特質之間的分數，你就會發現整體上你對自己的人格有多滿意，以及哪個特質是你最想要改變、哪個特質是你最不想要改變的。無論你的測驗結果顯示出你很渴望改變，又或者你對自己很滿意，你可能都不禁會想，自己這滿意（或不滿意）的狀態是否正常。

　　之所以能猜到絕大多數人應該都對自己的人格很滿意，其實有著非常充分的理由。長期以來研究持續顯示，我們大多數人都認為自己比一般人好，從我們開車的技術到我們擁有的朋友數量都是如此。這是一種被稱為「烏比剛湖效應」（Lake Wobegon effect）的現象，源自蓋瑞森‧凱勒（Garrison Keillor）所虛構的小鎮，在那裡「女人都很強壯、男人都很帥，所有的小孩也都比一般的小孩要優秀」。就連監獄裡的犯人都認為自己比一般大眾更誠實、更值得信賴（這與五大特質的親和性有關）！如果你都已經這麼優秀了，幹嘛要破壞這麼完美的狀態呢，對吧？

　　事實上，如果你的測驗結果顯示出你渴望改變，你一點也不孤單。近期研究指出，我們之中有很大一部分人渴望並幻想著人格的改變。舉例來說，一項由伊利諾大學厄巴納－香檳分校的心理學家對學生所進行的調查發現，幾乎所有學生（超過 97%）都表示渴望自己的人格能在至少某些部分有所不同。

　　不只是美國的學生，針對英國、伊朗和中國的年輕人所進行的調查也出現了非常類似的結果。而且，想要改變

不單只是年輕人的渴望而已。在 www .Personality Assessor. com 這個提供免費人格測驗的網站收集了將近 7 千位年齡在 18-70 歲之間的人的資料，結果發現，即便是年紀最老的受試族群，也有 78％的人想要有所不同。看起來對改變人格特質的渴望並不單只是西方世界的現象，或是年輕人的專利，而是身為人很正常的一部分。

成功改變人格的三大基本原則

讓我們來看看近期由蘇黎世大學的人格專家所整理出的三個能刻意改變人格、有實證基礎的基本方法原則：

- 擁有改變行為的意志力和意願
- 相信人格的可塑性
- 能堅持自己在行為上的改變，直到它們變成習慣

首先，你需要有意願改變與某個特定人格特質有關的行為，像是對陌生人更友善，或是在工作上更健談，不論是把它們當作最終目的，或者是一條前往更高目標的途徑，像是在工作上能更上層樓，或是幫助你社區裡的貧苦孩童。在這裡最基礎、最常識性的重點就是，除非你擁有清楚的目標想要改變那些跟你人格相關的行為，否則刻意的人格改變就不會發生。

這是因為只說想要改變你的人格特質實在太曖昧不明。畢竟，像是情緒不穩定性和外向性這些人格特質的專有名詞，不過就只是一些用來描述你的性格與長期的平均行為模式的詞彙罷了。就像是減肥和運動（比起「我要更常去跑步」，「我每個星期二晚上都要去跑步」會是更有效的規劃），你的目標越明確，你就越有可能成功。這就是為什麼計畫每週至少和陌生人交談一次，或是開始每週在下班後跟同事一起去小酌至少一次，都會比立下抽象的雄心壯志說要變得更外向來得更容易成功（在疫情期間，你可以考慮和朋友或同事到戶外去散散步，或是去參加非正式的 Zoom 聚會）。

第二個基本原則是，**為了達成刻意的人格特質改變，你必須相信自己能夠達成為了人格改變所必須的行為調整**。這聽起來有點模稜兩可，就跟那句老掉牙的陳腔濫調差不多：「相信你可以，就代表你已經完成一半了」。但事實上，你對人格可塑性以及自身能力的信念，已被多次證明是非常重要的關鍵，最有名的案例來自心理學家卡蘿·杜威克（Carol Dweck）。認為人格特質和能力具有可塑性的人都被認為擁有一種「成長心態」，而杜威克證明，當人生出現險阻時，比起消極地臣服於事情現狀的人，這些人會更努力去面對並想辦法解決。

意志力也是同樣的：研究顯示，相信意志力沒有極限的人，能比較快速地從艱難的挑戰中復原。事實上，近期一項研究來自印度這個視運用心智為活力來源的國家，結

果發現，執行完一項困難的心智任務，可以提高人們堅持下一項任務的能力，這也再次證明我們的心態和信念對形塑我們的心理狀態有多重要。而對人格的信念也是一樣的道理。杜威克對孩童所進行的一項研究顯示，教導孩子們親和力是可以打造的（與五大人格特質的親和性和責任心有關），能夠讓他們之後更容易學習如何讓自己不那麼爭強好鬥。

如果你有興趣想改變你的人格，或是幫助別人這麼做，這裡的課題很簡單：在你深入瞭解刻意改變人格的細節之前，很重要的第一步是，認識並學習這樣的改變是如何有可能以及如何能達成。事實上，無論最後你能成功達成多少人格上的調整，單純只是發展出「人格改變是有可能的」這樣的心態，就已經能為你帶來好處了。

為了幫助你能這麼想，別忘了，雖然你的人格有一部分根植於你從父母身上遺傳而來的基因，但這些基因並不能決定一切（粗略估計，大約 50%是來自遺傳）。此外，你所遺傳到的人格特質有點像是原廠設定：沒錯，它們會讓你在生活中傾向於採取某種方式來行動，但只要願意努力、下定決心，同時擬定正確的策略，人格特質絕對可以被改變。只要此刻你與世界以及其他人連結的方式沒有發揮作用——沒有讓你從生活中得到你想要的東西，或是無法讓你依循自己的價值觀生活——那麼你就可以選擇做些調整。

第三也是最後一個原則是，**有想要調整人格的意願，**

也就是說，你得重複進行那些為了達成特質改變而必須進行的行為，頻繁到它們成為你的習慣為止。你一定要能夠堅持下去，也必須瞭解改變需要時間，而一開始可能會有一段時間讓你感到很不舒服。

　　一開始這些新的行為方式可能需要努力且有意識地去做，但經過一再重複之後，就會變得越來越簡單，然後變成自然而然，就像學騎腳踏車或開車一樣。最後，透過習得新的行為習慣以及應對世界的新方式，你就能夠打造自己的人格。

　　想想看，一個典型安靜、靦腆的男人想要變得更外向。對他來說，學習變得更健談也更有社交力，一開始可能需要非常刻意去做；甚至會讓他有不舒服和被強迫的感覺。但透過練習，他會發現這些行為變成了他的第二天性。展現出有效的社交能力對他來說變成一種反射性的原廠設定。而在本質上，這也成為了他人格的一部分。這對其他人格特質來說也同樣有效。想像一位養成新習慣，每週都去劇院看戲（或定時在線上觀賞影片）的女性，用這樣的方式來增加人格特質中的開放性。一開始她會發現這樣做感覺很陌生，這種娛樂方式格格不入地讓她不太習慣。但隨著時間，她慢慢認識某些演員和編劇，開始對這種藝術形式發展出屬於她自己的獨特品味和好奇心。就如同蘇黎世大學的心理學家所說：「**我們提出習慣養成過程這個方式，來幫助大家隨著時間過去，還能繼續維持想要的行為改變，最後將之轉化成相對穩定且可以量化的特質改變。**」

再回頭看看我的大學朋友麥特，事過境遷後再來看，他似乎完全符合達成持續人格改變的條件。他的動機強烈，他高度相信改變是可能的，而他也當機立斷即刻開始改變自己的行為習慣，包括去找一個需要身處於高度社交環境（校園內酒吧）的工作，在那裡他沒有選擇，只能重複不斷地練習與陌生人社交。麥特的故事並不是特例。近期心理學家統整了所有「人是否能改變自己人格」的長期研究證據，並對此進行了大規模的分析，他們的結論是，在大部分的案例中，是可以的，尤其是在增進外向性與情緒穩定性這兩方面。

特別值得注意的是，這三個與改變有關的因素本身，很大程度上也是可以改變的。事實上，在讀完本書後，你可能會發現，前兩個因素甚至第三個因素，現在都更精確地描述了你的狀態，即便之前看起來並非如此。如果你想要改變，而且也把這三個因素都梳理清楚了，那麼現在你就處在一個絕佳的狀態中，可以開始進一步去做一些心理研究認為與人格特質改變息息相關的具體活動和練習。

經過證明的人格改變方法

刻意用新方式來行動是達成自發性人格改變很關鍵的部分，但這個方法本身很可能就得付出極大的努力。你在學習的是改變你的外在行為──其中許多可能會讓你感到

不舒服或者是難度很高——並一邊期待這些努力最終能夠帶來持久的內在改變。想像一位做事亂無章法的女性希望自己能更有責任心，於是她自發地去學習使用 Google 行事曆，又或者是一位自認庸俗的男性，他強迫自己每個月去看一次歌劇（希望自己能擁有更開放的心態）。

這些刻意的行為策略是改變非常重要的一部分。事實上，近期一項研究追蹤了數千位荷蘭人 7 年的時間，結果發現，大型的藝文活動，像是去看歌劇，確實促進了人格特質中開放性的提升。然而，想要成功改變，另一個搭配使用的作法就是，去參加各種研究顯示與改變特定人格特質有關，且能帶來額外效益的練習與活動（即便是那些絕大多數人不一定會有興趣參加的活動）。

刻意去調適接納新的習慣很重要，這麼做會改變你的外在，但以下有許多活動則是能改變你的內在，修正那些形塑你人格的基本認知與心理過程。相對地，這也會改變你行動的方式，而這將讓你所處的情境截然不同。舉例來說，如果你規律地去做一件被證明能夠增加同理心的事（像是多讀一些人物心理引人入勝且有情節中情感細膩的文學小說；詳見 P.179），你很可能就會開始以更富有愛心的方式來行動。相對的，這也會增加你找到更友善、更值得信賴的同伴的機會，而這些人物能夠更近一步地提升你的親和性。

別忘了一個相關的重點是，你並不需要讓自己的特質出現劇烈的變化，像是從壁花變成脫口秀喜劇家，也能夠

在生活中享受到有意義的好處。原因是，就算是在五大人格面向中的某些面向或全部面向都只有微不足道的改變，也可以累積出一系列真實生活中的前因後果，像是你要做什麼樣的選擇、要花時間去做什麼事、和什麼樣的人相處，以及要身處在什麼樣的情境等等。**無論你的首要目標是什麼，無論是你要更能發揮你的人生使命、變得更有生產力，或是交到更多朋友，你都會發現，就算是再細微的人格修正，都能夠幫助你達到目的，成為你想要的自己。**

降低你的情緒不穩定性

讓我們照順序一個個來看，就從情緒不穩定性開始——證據顯示，比起其他特質，這是最多人想要改變的一個，而這個特質也與最重要的快樂、健康和心理健全有很大的關係。回想一下，情緒不穩定是情緒穩定的反面。情緒不穩定性分數高的人，對負面情緒更加敏感，而且猶豫不決、警覺和緊張。所以，與改變導致這種性格的基本心理機制相關的活動或練習有哪些呢？

你可以找時間上網試看看記憶訓練練習。一個越來越受歡迎的理論提出，有非常多的習慣性焦慮，基本上是被我們無法控制自己的心智注意力所引發，包括我們在任何時候的想法。舉例來說，當你在向職場同事進行簡報時，腦子裡卻一直只想著他們會對你有什麼看法——又或者當你在去面試的路上，你想到的都是什麼地方會出錯，而不是專心演練你準備好的最佳回答。線上記憶訓練練習能夠

幫助你提升你的工作記憶力，也就是同時處理不同訊息的能力。相對地，這能夠增加你對自己想法的控制力。

　　來看看近期一項研究的結果，13 位焦慮的學生花時間進行了在心理學中被稱為「n-back」測驗的高難度版。（你可以上 Google 搜尋免費的版本）。這些測驗包括要同時注意並記住兩串訊息。具體來說，學生們必須聆聽一串字母，同時看著眼前不斷變化的方格，接著，當聽到的字母或眼前被特別標示的方格與之前幾次出現的一致時，就按下按鈕。測驗的難度會逐漸提高，要求參加者比較目前與之前出現的方格和字母，表現得越好的參加者，測驗難度也會越高。（另外一組對照組所進行的則是一個特地設計得非常簡單，就算完成也不會有任何幫助的測驗版本。）

　　關鍵的發現是，在每天進行 30 分鐘的訓練持續 15 天之後，學生表示自己已經沒有訓練之前那麼焦慮，而且他們在壓力之下也表現得更好。測量他們的腦波也同樣顯示他們處在更放鬆的狀態中。這個訓練之所以能有這般有效的好處是因為，它讓學生更能夠掌控自己的想法。情緒不穩定性分數高的人發現自己很難不去想未來可能會有的風險，也無法不糾結在過去所犯的錯誤，但在經過這類的訓練之後，他們能更輕鬆地將焦慮降低到可以控制的程度。

　　另外一個你可以嘗試的行動是，**練習規律地表達你的感謝之意，像是每天簡單記錄下你覺得感謝的事物，或是撰寫感謝函。研究顯示，感恩能夠成為情緒的盔甲：越能**

感受並表達出謝意的人，越不容易受到生活壓力的負面影響。甚至也有神經造影的證據顯示，你越是練習去感受和表達謝意，你的大腦就越能夠適應這樣的思考方式。這也顯示，你越努力讓自己去感恩，這種感覺就越容易在未來自然地降臨在你身上，幫助你降低人格特質中的情緒不穩定性。

　　更進一步改變造成情緒不穩的基本心理機制的方式是，去接受心理治療。這聽起來可能是個有點突兀的建議，但每週花一小時和治療師聊聊天，做點反思並改變自己思考習慣的人，在某種意義上，他們也都在重新打造自己的人格。

　　我們一般並不會用這種方式來看待治療；通常治療的焦點都集中在幫助降低症狀，或是找出內在的啟發。但近期研究人員開始將治療視為一種人格改變的方式。舉例來說，布蘭特·羅伯茲（Brent Roberts）和他的團隊在 2017年的一篇論文中表示，他們把發表於 1959-2013 年之間，超過 207 項、共有超過 2 萬人參與的心理治療實驗結果全部找了出來，其中包括了受試者在之前與之後的人格評量。研究團隊發現，短短幾週的治療，就能夠讓受試者的人格出現明顯且持續的改變，特別是降低情緒不穩定性並提升外向性。情緒不穩定性的降低尤其令人印象深刻，加總起來大約是一生中該特質會降低的量的一半（我們會隨著年紀漸長而逐漸成熟）。

　　認知行為療法是目前最常使用的心理治療方式之一。就如我在之前也曾提到，它主要聚焦於改變一個人的負面

偏見，或是有害的信念和思考習慣。舉例來說，情緒不穩定性高的人可能會比較容易過度在意別人的批評，或是去想像自己的挑戰可能會出錯，而認知行為療法能夠教導他看見這種想法的偏誤所在，並作出修正。

　　研究人員驗證短短 9 週的認知行為治療對社交焦慮者的人格特質影響，他們發現，治療帶來了情緒不穩定性的降低，並且增加了人格特質親和性中的「信任」這個面向。同樣地，我們也發現，經過 40 次的認知行為治療後，罹患一般性焦慮症（一種症狀會滲透到生活各個層面的慢性焦慮症）的人，他們的情緒不穩定性降低，外向性和親和性也有所提升。

　　心理治療會針對焦慮或悲觀想法著手，認為如此應該可以使情緒不穩定特質降低，這是很合理的作法，因為人格特質有一部分來自於思考習慣，以及我們如何與他人連結。你甚至可以將針對焦慮與憂鬱的認知行為療法想成是一種學習，讓你養成一種跟情緒不穩定的人不同的思考習慣。你會開始有更多社交活動，做出更大膽的決定，並活得不那麼恐懼和容易生氣。

　　依據經濟狀況和文化背景的不同，展開治療看起來可能是個無法負擔的奢侈行為，又或者你認為這是一種極端的介入手段，只適用於那些狀況非常不好的人。無論你怎麼想，知道這件事都沒有什麼壞處，現在已經有越來越多證據證明了電腦化認知行為治療的有效性，你可以舒舒服服地在自己家裡進行。如果你想要降低自己的情緒不穩定

性分數，那麼像是 Beating the Blues 這一類電腦化的認知行為療法或許能夠幫助你進行練習，包括能夠讓情緒更穩定的思考方式——舉例來說，把心思專注在某個情境中你可以控制的地方有哪些，並試著同時用正面和負面的方式來解釋過去發生的事情。

　　如果去找治療師或是進行線上治療不是你會做的事，我可以提供幾個小方法，讓你可以用情緒穩定的方式來思考。（不過，千萬要記得，如果你正承受著極大的悲傷痛苦，那麼你應該尋求合格、適當的心理健康專業人士的協助。）舉例來說，你可以深思自己對人際關係的憂慮。研究顯示，慢性憂慮（情緒不穩定性高的人通常都會如此）最後會讓人將擔憂視為一件好事。考量到擔憂所帶來的痛苦，這聽起來可能很奇怪，但這一類的人發自內心相信，這麼做可以阻止壞事發生。持續擔憂的人擔心的方式往往也顯示出他們是完美主義者，他們希望能夠把一切想得周全。當然這是不可能的，所以他們最後會被困在無止盡的憂慮循環之中。心理學家說，你可以打破這個循環，只要提醒自己，一旦你覺得受夠了，你就可以停止擔憂了。

　　你也可以開始更注意自己在腦袋裡跟自己說起關於即將到來的挑戰，以及過去犯下的錯誤的方式。特別是要注意的狀況是，你為自己設定了不可能達到的標準、做出一竿子打翻一船人的結論、忽略狀況中的細微之處，以及對自己使用像是「必須」或「應該」這樣的字眼。相反地，試著以同理心來跟自己說話，就像是你在跟一位親近的家

人或朋友說話一樣。情緒不穩定性高的人也比較容易會在想起不好的回憶時帶有偏見，也會更執著在事情可能會出錯的各種狀況上。找出這些偏誤的想法，積極刻意地去回想快樂的記憶和過去的成就，並找時間列出可以順利達成即將到來的挑戰的各種方式。

最後一個降低情緒不穩定性特質的活動——也是個旅行的好藉口——是嘗試去國外生活一段時間。越來越多研究顯示，出國生活這種經歷最主要的收穫之一，特別是對年輕人來說，就是能降低情緒不穩定性的分數。幾年前，德國的研究人員評估了超過一千位大學生，其中一些人到國外去進行了延長學習之旅，而另外一些人則是留在德國。他們也評量了學生在一開始以及一年結束後的人格。沒有懸念，在剛開始，計畫要去旅行的學生，他們的情緒不穩定性平均起來比打算留在德國的學生低。但即便控制了最初的情緒不穩定性程度差異，關鍵的發現是，在學習結束後，跟留在家鄉的學生相比，那些去了國外的學生，在情緒不穩定性這個特質上都有更顯著的下降。

藉由到國外生活一段時間（當然在一個安全、有支援的環境中較為妥當），你讓自己沒有選擇，只能面對各種不確定性，新的地方和新的人，還有新的文化。雖然這麼做會帶來極大的挑戰，尤其是如果你本性是個比較膽小的人，但這樣的經歷能提供你非常多機會來練習情緒的控制。回國之後，就彷彿你對風險和不確定性的定義重新被校正過了。用人格的專有名詞來說，你的情緒不穩定性會

降低。同時，許多心理學家相信，你的人格會變得相對穩
定，因為你的人格會受到你每天接觸的情況和人所影響。
在國外待一段時間會讓你生活在一個全新的環境中，你給
了自己機會擺脫過去會影響你的各種日常力量。

情緒不穩定性的連貫階層

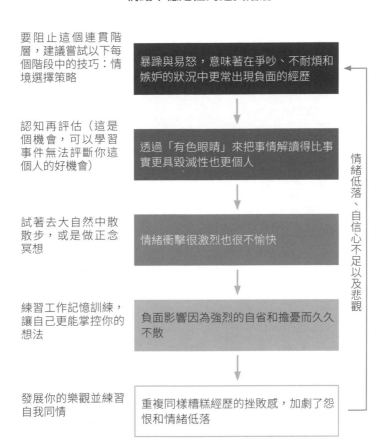

愛荷華大學的心理學家認為，有一系列的心理過程──情緒不穩定性的連貫階層──會
讓具有這種特質的人長期困在負面情緒之中。本書為此圖中的每一個階段都提供了方
法，讓你有機會能阻斷這樣的連貫階層。

綜合自發性人格改變的三個基本原則和以上三種方法（治療、旅行和記憶訓練，以及在本書中所提到的所有方法），你就給了自己一個絕佳的機會來降低你的情緒不穩定性，並獲取所有與情緒穩定相關的好處。想知道更多如何打破心理學家所謂的「情緒不穩定性的連貫階層」的方法，請見 P.169 的圖表。

獎勵小撇步：去散個步！

把一隻腳放到另外一隻腳前面這個簡單的動作——跟新鮮的空氣或是散步的目的全都無關——已被證明對心情有很好的影響，雖然你可能不覺得如此。另外一個方法是，你可以去學武術。你的新技能不止能夠給你信心，研究人員認為，還能夠讓你在認知程度上培養出更強大的注意力控制能力，就跟 P.163 提到的記憶訓練有一樣的效果。

提升你的責任心

讓我們繼續來看能夠開發更高責任心的方法，就從找到一份你認為真正有意義，並且能讓你投入的工作或是志工角色開始。研究顯示，感覺到自己投入在工作上，能夠隨著時間讓責任心增高，特別是當對這個角色的需求非常明顯時。會如此是因為當你在做自己喜愛的工作，你會很有動力持續地以計畫性和充滿幹勁的方式來達成這個角色的目標。如果你的同事和客戶獎勵並強化了你這種具有建

設性的行為，這就很有可能增進你的紀律和條理，進而形成良性循環，最終讓你的責任心特質的程度向上提升。

　　當然，要找到一份有意義的工作並不是件簡單的事。其中有很大部分可能取決於你對自己的工作抱持何種想法。**追蹤有工作的人許多年的研究顯示，無論工作的性質為何，那些將自己的工作視為能對他人有所幫助的人，比較會說他們覺得自己的工作很有意義而且很重要（這些人比較快樂，工作上的產能也較高）。**所以，一個增加你工作的意義同時也有機會提升你責任心的方法是，想想你的工作能夠如何為他人帶來好處，無論你是在寫程式讓別人能夠在網路上找到自己想要的服務，或是幫人送信去他們家。重點是，藉由看見你所做的好事，你會發現自己的工作動力增強，隨之而來的個人好處是，你的責任心也會跟著受益。

　　志工的角色以及有建設性的習慣——舉例來說，擔任孩子學校的家長會委員，或是加入你所在城鎮的自然資源委員會——也能夠對你的行為帶來同樣的影響，進而增進你的責任心。同樣地，要找到對你有足夠意義的目標——你真正的熱情所在——會是個挑戰，這個目標要能夠讓你願意更勤奮也更投入。針對人們在生活中的熱情為何所進行的研究顯示，你不太可能光是坐在沙發上想像不同的可能性，就能找到符合條件的工作。你得跨出家門走進這個世界，嘗試去做各種不同的事，給自己機會去發現適合你的角色或工作，轉化你的人格，讓自己變得更好。同時也

別忘了，這種事很可能不會是一見鍾情。每一次當你嘗試不同的可能性時，確認自己給了它足夠的機會來滿足你的想像力。如果你真的想破頭也想不出個所以然，那麼激發你想像力的一個方法就是去做「職業性向」的測驗──網路上有很多免費的版本。

另外一個為了增加責任心你可以採取的步驟是，練習讓自己更精明地避開誘惑。你可能會認為，想過更健康、更有生產力（以及責任心）的生活，重點在於鋼鐵般的意志，但事實上，越來越多研究顯示，那些能夠對抗誘惑的人的祕密是，他們從一開始就避免接觸誘惑。來看看近期一項研究先詢問 159 位大學生他們的四個主要長期目標為何，接著透過隨機的手機訊息提醒，在一週內仔細調查他們的行為。在進行研究的這一週內，每次只要手機響起，學生們就得回答問題，像是他們最近是否有抗拒誘惑，以及他們是否有使用自己的意志力。

研究人員在學期即將結束時再次與學生們碰面，看看他們之中有誰達成了他們的目標（舉例來說，「學法文」），結果發現，並不是在進行研究的一週裡使用了更多意志力的學生，而是那些碰到較少誘惑的學生達成了目標。多倫多大學的研究人員說：「我們研究的結果顯示，達成更好的自我規範的方法，並不在於增加自我控制力，而是在於消除我們環境中的誘惑。」

這也暗示了，你可以學習如何策略性地避開與誘惑正面交鋒，藉此來培養你的責任心。減肥就是個很好的例子。

近期亞利桑納大學的一項研究發現，通勤途中會經過較多食品商店的人，往往體重較重。這一類的研究結果顯示，單純只是避免選擇會帶你經過你最愛的麵包店或速食店的上班路徑，就能幫助你維持健康。同樣地，如果你發現自己在應該睡覺的時間還是難以抗拒繼續滑 iPad，那麼就定下一個簡單的規定：臥室裡不能有 3C 產品。換句話說，無論是科技、速食，或是其他的誘惑，就大方接受這個想法吧，你，跟其他人一樣，意志很薄弱，然後依據這個事實來擬定你的策略。結果很可能是，你會變得至少更有責任心一點。

最後，要好好做功課！好吧，對我們大多數人來說，這個建議可能來得有點晚，但這個原則就算是大人也適用：如果你今天投注更多的心力，無論是在你的工作、你的人際關係，或是你的休閒消遣上，長期下來你將會享受到努力的好處，而這也能幫助你培養一種更有耐心、更擁抱未來的心態。近期研究人員也證明了這一點，他們追蹤數千位德國學生三年的時間發現，不只是責任心高的學生會把更多心力投注在功課上，隨著時間過去，那些投注更多心力在功課上的學生，他們的責任心特質也跟著提高了。「貫徹到底的行為改變具有能持續改變學生人格的潛力」，研究人員這麼說。你可以把同樣的方法運用在你的嗜好上，或是去上成人進修課程：好好運用自我紀律，並在今天和明天投入心力，很快地你就會發現自己變成一個更有責任心的人。如果你對你正在做的事真心投入同時願意負起責

任，再加上你長期的苦工也透過明顯可見的進展或是某人的回應而獲得了實質的獎勵（這可能有很多種形式，從正式的成績分數、創意作品，到得到他人的讚賞），這個方法就更容易成功。

當然，功課研究這個訊息的另一面是：如果你是位管理者、教師或父母，要激發你的員工、學生或孩子的責任心，有一些事情是你可以做的。要有權威，但也要始終如一，保持溫暖和支持的態度（人們要在喜歡或欣賞他們的上司的前提下，才有可能培養出責任心）；幫助他們瞭解克服今天的挑戰與擁有長期目標之間有何關聯，並在他們失敗的時候給予支持。你的目的是要傳達出「努力就能得到回報」這樣的訊息，確保他們知道該做些什麼才能成功（舉例來說，扮演清楚定義的角色），並讓他們對自己的努力感到有掌控權和責任感。總而言之，你要創造出一種精神，讓大家知道，衡量成功與否需要好幾年的時間，而不是短短幾天或幾個禮拜的事。

獎勵小撇步：你不可能永遠都避得開誘惑！

有時候你毫無選擇，只能仰賴意志力來讓自己更有責任心。在這種狀況下，你如何看待意志力就是個關鍵，尤其是：你是否認為意志力是一種有限的資源。我前面提到過，在印度，大多數人都認為高難度的挑戰反而會讓人充滿活力，而非疲憊不堪。從這種解讀來看，心理學家記錄下了他們所謂的「反向自我消

耗」——他們發現，去做一件消耗心力的工作，其實反而能提振人們在下一份工作上的表現，跟自我消耗理論的預測剛好相反；自我消耗理論視意志力為有限的東西，就像是你車子裡的汽油。這就表示，你應該要試著想像你的意志力既豐富又源源不絕——這麼做能夠幫助你保持專注更長的時間。

改變你的開放性

　　增加開放性特質最顯而易見的方法，應該也就是最有效的方法。研究追蹤了同樣一群人幾年的時間發現，花時間去參加藝文活動，能夠在之後增加開放性。如果你可以讓自己進入這種探索、實驗的心態（這也可以是你有意願去讀更多書、去看更多戲劇表演、學習演奏樂器、嘗試新的體育活動，或任何其他事情），事實是，這麼做會讓你培養出心態更開放的人格。

　　另外一個不那麼顯而易見，但也能夠增加你對新想法、新美感以及新文化接受度的方式是，花時間去玩拼圖遊戲，像是拼字遊戲和數讀，這些遊戲都與心理學家所謂的「歸納推理」有關。近期一項與年長者（年齡介於 60-94 歲之間）有關的研究在其中安排了好幾個不同的策略性訓練時段，讓受試者解答拼字遊戲和數字謎題，然後依據他們的技巧程度，持續調整他們在家裡玩的拼圖遊戲，就像這樣每週平均訓練 11 個小時，持續 16 週。與沒

有完成訓練或拼圖的控制組相比，參加這個研究計劃的受試者全都持續表現出開放性特質有所提升。這樣的好處可能至少有一部分來自於這些遊戲改變了受試者對自己智力的感受，而你也可以用這些需要運用智力的拼圖和遊戲來讓自己得到相同的好處。**自信對開放性來說是關鍵，因為成為一個擁有開放心態的人，就表示你有意願而且也夠勇敢去思考不同的面向、新的地方，以及不同的體驗。**

另外一個你可以嘗試用來提高開放性的活動會令人有點意外，那就是，花時間回顧你過去的相片集或個人影片，又或是和朋友一起懷想共同的記憶。用這樣的方式展開懷舊之旅，也特別與增加創造力（包括寫下原創且具想像力的短文）有關，因為這麼做能夠增加開放性特質。理論是，回顧過去有意義的事件，特別是那些與親近友人及親人相識相遇的經歷，能夠獲得各種情緒上的好處，包括增加自尊心。而如此一來，也能夠幫助你感覺更加樂觀，同時擁有更高的意願接觸這個世界並嘗試新的體驗。這是另外一個自信心能夠幫助產生更高創造力和開放性的例子。

最後，規律地運動，像是去上健身房或是每天出門散步，這是一種能增加，或至少能保持你的開放性的方式。研究人員追蹤了數千位年齡超過 50 歲的受試者數年的時間，他們發現，運動較多的人，比較能維持他們的開放性，也比較不會跟某些與他們同齡的人一樣，隨著年齡增長而開始衰退。這個理論與定期玩智力拼圖或與朋友一起回顧快樂時光類似：多運動，就能幫助增進自信心與嘗試新事

物的意願。培養積極多動的生活方式，其實就是改善你的人格最簡單的步驟。

　　還有一個相關的建議就是，你可以試試「敬畏散步」——也就是在散步時帶著如同孩童或是初來乍到者的心態，用敬畏的心情來看待周遭你所見所聞的一切（舉例來說，注意樹上樹葉各種驚人的紋理；聆聽鳥的歌唱，或是欣賞當地的建築）。敬畏，已被證明能夠提升智力方面的謙遜態度，而相對地這也能增加你的開放性。

> **獎勵小撇步：如果你需要更多動機……**
>
> 　　請記得一點，心態變得更開放會改變你看待世界的方式，真的就如字面上所說的一般。近期心理學家研究與所謂的「雙眼交互」體驗相關的開放性，也就是讓一隻眼睛看一種圖案，另外一隻眼睛看另外一種圖案。通常受試者會先接收一種影像，然後再接收另一種影像，來回不斷交換。偶爾會出現兩種圖案混在一起的狀況，而研究人員發現，開放性分數越高的人，就越可能會看到兩種圖案結合的樣子，這也代表了這種人格特質會以非常基本的視覺感官來呈現。

增加你的親和性

　　能夠幫助你變得更友善、溫暖，也更願意相信他人——換句話說，也就是更有親和力——的方法是什麼？初步的研究建議，想要更瞭解他人很重要的一條途徑是，先

多瞭解你自己。

　　近期德國研究人員提出了一個方法來讓你更瞭解自己，做法是，花時間反思你人格中各個不同的面向，像是「愛心」、「內在快樂的小孩」，或是「脆弱的部分」，同時從一個抽離的角度來檢視自己的想法，並將之分類成「我／他人」、「過去／未來」或「正面／負面」。這是一個長達三個月的計畫，其中同樣也有「角色取代」的部分，因此受試者需要一位夥伴（受試者會輪流以自己某部分的人格來說話，而他們的夥伴必須要猜是哪個部分），也因此這需要投入相當多的時間。然而，研究人員發現，受試者能夠辨識出有關自己人格的部分越多（有趣的是，特別是負面的部分），在研究過程中就越能夠顯示出他們在同理心技巧方面有很大的改善。事實上這也與神經科學的研究相符，在研究中，我們的大腦用來思考關於自己，以及用來思考關於他人的兩個部分會出現重疊的狀況。你可能無法也不願像這些受試者一般投入這麼多時間，但無論如何，一個要注意的重要原則是：如果你想要更瞭解他人，就從更瞭解自己開始，

　　另外一個你可以嘗試用來提升同理心的活動就是保持正念。許多研究都顯示，短時間的正念冥想訓練——舉例來說，每天花 30 分鐘，持續幾週的時間，注意不用任何批判的方式來看待自己當下的念頭——與培養同理心有關。正念擁有這個好處的原因之一是，它能教導你用非批判的方式，對自己的心智體驗保持覺察，副作用就是你會

用同樣的非批判方式，更加關心他人的憂慮（Headspace and Calm 這個 APP 是讓你開始正念冥想的好方法）。

你也可以試著閱讀更多文學小說。閱讀情節複雜、人物個性層次豐富的小說，需要進行角色取代並考量他人的情緒和動機，而這正是想在真實生活中擁有更高同理心並且增加親和性的你所需要的技巧。或許也難怪有好幾項研究都顯示，只要用一點點時間來閱讀文學小說，似乎就能對同理心技巧產生立即的效果，像是能看出他人的情緒。這個短時間內即可有收穫的發現並不一定每次都能被成功複製，但是另外的研究則是用不同的方式證明了這個原則：認識比較多位小說家（也就代表讀過比較多文學小說）的受試者，同樣也比較能夠看出其他人的情緒，並在同理心問卷中獲得較高的分數，這同樣也說明了，文學小說確實能夠幫助培養我們的同理心。甚至也有神經科學的證據顯示同樣的結論：花五天晚上閱讀羅伯特‧哈瑞斯（Robert Harris）的小說《龐貝古城》（*Pompeii*），被證明能夠改變大腦的連結模式，包括了與設身處地為他人著想相關的區域。

最後，試著花有意義的時間與「外人」相處──那些跟你來自不同文化或不同種族的人。舉例來說，你可以參加你知道有少數族裔參與的球類俱樂部。義大利的心理學家對數百名高中生進行每一年兩次的測試，在測試結束時他們發現，那些在這一年間花更多有意義（友善、相互合作）的時間與移民學生相處的人，跟沒有同樣經歷的學生

相比，他們的隨和性特質同樣也有所增加。

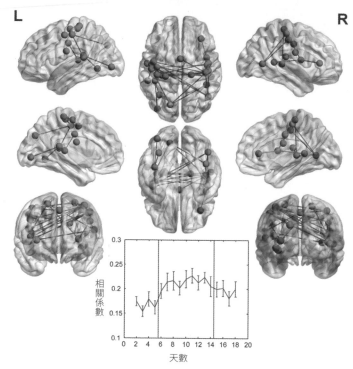

一項發表於 2013 年的大腦掃描研究發現，在閱讀羅伯特・哈瑞斯的小說《龐貝古城》的過程之中與閱讀之後，從第六天開始到第十四天，大腦間不同區域的連結會增強。這些改變可能代表了同理心增加（以及隨和性特質增加），與閱讀文學小說之間關聯性的神經基礎。

　　比較無法信任不熟的人這是人的天性，同樣地，花有意義的時間跟來自陌生背景的人相處，能教我們如何更信任他人，同時也能磨練我們自己的社交技巧，而這所有加起來，都能提升我們的親和性。**「正面的團體間接觸經驗可以提醒我們，與他人接觸是很重要的，這能幫助培養社交技巧，並且拓展一個人的社交視野。」** 這位義大利研究

員如此說道。同樣地，神經科學的發現也支持這個結論。一旦與外人有過正面的相處經歷之後，我們的大腦會在看到這些外人陷入困境時，顯示出極活躍的同理心相關活動。

> **獎勵小撇步：隨和性高的人關鍵特點**
>
> 　　他們不太容易生氣。意思也就是說，好好地控制你自己的脾氣，就能幫助你變得更有親和力。坊間有許多有效的憤怒控制技巧，但或許最有效的就是自我遠離，意思也就是，讓自己抽離當下的情況。當你感到脾氣要爆發了的時候，先暫停一下，想像從牆上的蒼蠅的角度來看待整個情況。研究顯示，這麼做具有安撫的效果，並且能降低你的攻擊性。

加強你的外向性

　　最後也最重要的是，什麼樣的活動和技巧能夠讓你變得更外向？一個相較之下比較激烈的方法是，去學習一種具有外向意涵的語言。當你在說第二語言的時候，你會從中得到代表這個語言發源地的某種既定印象的人格特質。這個現象可以從以中文為母語的人用英語對話時看出來，推測這是因為相較於自己的文化，他們認為美國人的既定印象就是比較外向。以英語為母語的人也會認為，學習像是葡萄牙語或義大利語，可以讓他們接觸到既定印象中巴西或義大利那種外放的文化。

　　即便是你自己的語言，你也可以試著用更外向的方式

來說看看。外向者說話時會顯德比較鬆散而且也更抽象，舉例來說，他們會說：「這電影太棒了！」內向者則是相反，他們會做出更明確具體的觀察，像是：「這裡的情節非常巧妙。」同樣地，外向者說話比較直接──「來喝一杯吧」──不像內向者可能會更小心翼翼地說：「也許我們可以出去喝杯酒」。就彷彿外向者說話時也帶有風險和隨性的因子，從中反映出他們的生活方式。試試看外向者的方式，一段時間之後，你可能會發現這麼做讓你的人格出現了變化，就算只有一點點。

採用「如果……那就……」的計畫。也許比起其他人格特質，外向性和內向性受到習慣的影響更大。如果你習慣了大多數時間都一個人獨處，那麼去參加派對會對你整個人造成極大的震撼，很有可能會給你帶來一次撼動神經的不舒服體驗。然而，你會適應你習慣的事情，這是人類本性的基礎事實。因此，要變得更外向的一個簡單方式就是讓自己去習慣刺激性更高的環境，也就是重新調校你的震撼門檻。想建立新習慣一個非常有效的方式就是，做出「如果……那就……」的規劃，舉例來說：「如果在火車上我旁邊坐了一個陌生人，那我至少要努力試著跟他聊上兩句。」

如果你能和一位喜歡社交的朋友或伴侶實際練習新的社交習慣，做起來就會比較簡單。事實上，針對年輕人所進行的研究發現，他們在第一次約會之後外向性會增加，當然這跟遇見新朋友的機會有關，再加上成為「我們」也

會讓自信心提升。

　　另外一個顯而易見能增加你的外向性，卻很容易被忽略的方法是，去做任何能夠增加你自信的事情。有幾種具體的心理技巧你可以試看看，像是「力量姿勢」：也就是你要擺出像是超級英雄一樣的架勢，雙手放在臀部上，兩腳張開（為的是要盡量讓自己占有的空間變大）。這是個在某些地方會被嘲笑的技巧，一部分是因為它受到了廣大迴響後所造成的反應，同時也因為有些研究無法重現它所提出的效果。但關鍵的是，就算那些「不成功」的研究也都發現，力量姿勢能夠讓人感覺更有自信。這很可能就是你在出發參加派對或是和新朋友見面前需要的優勢，而這麼做也可能讓你朝外向性那邊再多靠攏一點點。

　　當然，如果你覺得力量姿勢很可笑，那就不要去做。就跟運動員一樣，或許你可以嘗試你所信賴的日常例行公事，像是以特定的順序把襯衫的扣子扣好。許多研究顯示，例行公事可以提升你的信心，即便你深知自己在做的事情其實沒有任何邏輯可言。細節並不重要。重要的是你變得更樂觀之後，事情就有可能會變好，這是外向者生活方式中很重要的一個面向。外向者出門時，他們會期待自己能有一段愉快的好時光，而他們會讓自己有更多機會能玩得更開心。這裡有個能幫助你快速踏上這條路的事實：研究人員近期發現，當我們用更外向的方式來行動時（像是在社交時更有自信，並且能更有活力地跟別人說話），跟我們交談的人也更有可能會用正面的方式來回應我們，微笑

變多了，大家也變得更有話聊了，由此建立起一個令人愉快的反饋循環。

與此相關，你也可以試著練習讓自己變得更樂觀。近期一份針對二十九項研究所進行的分析發現，要做到這一點最有效的方式就是所謂的「想像最好的自己」，也就是花半個小時左右的時間來「想像未來的自己，所有事情都很順利地解決之後。你努力工作並獲得成功，達成了你人生中所有的目標……」。規律地進行這個臆想實驗，隨著時間過去，你可能會發現你更願意出門並享受更多樂趣。

最後，練習「焦慮再評估」。經歷過外向者所追求的體驗後，發現自己心跳急促且腎上腺素上升的內向者會發現，這一切都太震撼也太讓人討厭了。但內向者會發現其實他們可以更享受這些感官刺激——也能因此變得更大膽也不那麼討厭這些危險的事——只要透過學習把這些事情解讀成興奮而非焦慮就可以了。這個認知技巧（舉例來說，告訴自己：「我很興奮」）其實要比你想辦法讓自己冷靜下來更簡單，而就長期來看，如果你成功地學會讓原本具有挑戰性的情境變得更有樂趣，你就會開始想要去尋求這些情境了。你會變得更外向！

獎勵小撇步：如果你是個非常內向的人……

　　你可能會發現一開始嘗試著用外向者的方式來行動是件很累人的事，因而導致你士氣低落。千萬別忘了：研究顯示，就算是外向的人也會覺得，社交這

類的外向行為會讓他們在事後感到疲累。然而，在當下，對所有人來說，外向的行為具有提升心情的效果，無論你是外向還是內向的人都一樣。愛睏卻快樂著，這是個很棒的狀態。

不是說要「真實」或「做真正的自己」？

蘇珊・凱恩（Susan Cain）的暢銷書《安靜，就是力量》就是在盛讚身為內向者「在這個無法停止說話的世界中」的優勢和需求，同時也顯示出大家強烈地認為，重要的是保有真實的自己，而不是改變自己來迎合這個狹隘世界的需求。在你思考著要刻意改變你的人格的同時，可以理解你可能會擔心，這麼做是否讓你在某種程度上假裝，或是無法忠於自己。你要如何讓兩個明顯相互牴觸的想法——想要改變的衝動，以及想要保有真實自我的渴望——融合在一起呢？

首先要聲明，著手改變自己的人格並不一定要帶著徹底改頭換面的野心。即便只是對你的個性做出很小的調整，都可能會要付出代價。再說，你想要的可能是讓現在的特質更突出，而不是改變它們。舉例來說，或許你已經比一般人更有責任心，而你希望自己能夠讓這個特質發揮更大的作用。研究追蹤受試者幾個月之後發現，那些希望

能擁有不同人格，並且也真的達成目標的人，長結果期看來都比之前更快樂，或許你也能從中獲得確證。

而對於究竟什麼才是真正的「真實的自己」，這也是個問題。證據顯示，當你在做理想中的自己——也就是你渴望要成為的人——時，真實自我的感覺更可能會油然湧現。

這也顯示出，如果一個害羞的商務人士想要變得更外向，讓自己能提起勇氣參加雞尾酒派對，並成功地與他人做即便是最低限度的社交，那麼他就能享受真正做自己的感覺。同樣地，對夫妻進行的研究發現，關係中令人有滿足感的最重要關鍵在於，對方能夠讓你做最好的自己，幫助你變成你想要的人。另外的研究也發現，**無論我們的人格為何，真實感都不是透過某種神話般的「真正的自己」而產生，反而是透過那些讓我們感覺快樂與自我良好的行為，這也支持了心理學家提出的「感覺良好 = 感覺真實」這個假說。**

永遠別忘了，你不只是你的人格特質。你的目標和你的價值觀，以及對你來說最重要的那些人，同樣也都定義了你是誰。當你成功達成這些目標，依循著自己的價值觀而活，並且能與對你來說有意義的他人進行正面的互動，你才能夠體驗到做真正的自己能夠獲得的回饋感受——而這一切都能夠藉由正確、有目標性的人格改變來達成。

回想我在大學時認識的那位從內向者轉變成外向者的麥特的經歷，我認為真實自我這個觀點很符合他的故事。

某種程度上來說，我認識他時他的真正自我完全就是一個極度內向的人。但這種個性讓他很不開心，尤其是因為這阻礙了他與他人建立有意義關係的強大真實渴望。藉由變成外向者的行動過程，他發現這麼做能更滿足他所渴望的歸屬感，而他也認為這是自己身分認同的基礎。這個嶄新、比過去更多話的麥特就跟過去他的一樣真實；只不過現在，他的人格與他的價值觀和目標更加一致了。

如果你想要變得不同，這個願望也是讓你之所以是「你」的真實部分，而滿足你想要改變的渴望，也是在做真正的你。此外「真實自我」為何，通常取決於你所做的事以及跟你在一起的人，而比較不是達到某種永久不變的狀態。如果改變你的人格能幫助你有更多時間和你想要在一起的人相處，讓你能去做你想做的是，那麼改變自己將會讓你離真正的自己更近。

Chapter 6

救贖：
當壞人變好

　　青少年時期，馬吉德‧納瓦茲（Maajid Nawaz）每天早上的例行公事就是在自己的背上綁上一把大刀。1995年，倫敦紐翰姆大學門外，穆斯林與非洲學生之間發生了一場致命的衝突，最後造成一位來自奈及利亞的年輕男性喪命，而當時，這把刀就握在納瓦茲的手上。儘管納瓦茲本人並沒有傷害任何人，但他在 2012 年的回憶錄《激進：從伊斯蘭極端主義到民主覺醒》（Radical）中自白說他：「站在一旁眼睜睜地看著阿尤突迪‧歐巴努比（Ayotunde Obanubi）死去。」納瓦茲「盲目地效忠於」伊札布特（Hizbut-Tahrir）這個旨在建立穆斯林哈里發國，並要求管轄範圍內的所有穆斯林信徒都要遵照伊斯蘭教法生活的極端組織，而在各式各樣的教法中，包括了所有同性戀都非死不可。

　　納瓦茲對極端主義想法的支持，以及永無止盡地遊走在暴力邊緣的生活方式，其來有自。這是他對 1980 及 1990 年代在英國艾薩克斯郡長大時，他與他的亞洲朋友面對猖獗的種族主義所做出的回應。如果你在紐翰姆大學謀殺事件時遇見他，並親耳聽他訴說他的觀點，你對他的印象很可能依然會是個具有反社會人格的危險分子。這個年輕的男性塗鴉藝術家，從不斷逃避當權者的追捕中獲得感到無比的快感。「對警察和法律秩序，我只有兩根中指可以給他們。」他在《激進》（Radical）中如此回憶道。他的母親曾經一邊發出撕心裂肺的哭喊，用力猛捶自己的肚子說：「我詛咒這個子宮讓我生出這樣的兒子。」

就在紐翰姆大學大門外的鬥毆事件發生後，納瓦茲又和他的穆斯林同夥們糾眾前往非洲人居住的社區，目的是為了恐嚇其他學生，也因此更加劇了這起悲劇。在《激進》一書中他坦承：「對一個人的死亡有這種冷血的反應，這就是組成當時我這個人的一部分。」

納瓦茲對 911 恐怖攻擊分子抱持同情的立場，而他的激進行動也讓許多欣賞他的年輕人跟著踏上了充滿暴力的聖戰士之路。當時他先前往巴基斯坦促動了一場政變，接著又去了埃及，2002 年，他在埃及遭到當地的祕密警察逮捕。他因此坐了好幾年的牢。長年的監禁讓他有了深刻的改變，儘管之前他曾對自己發下毒誓，一定要對他的敵人進行奪命報復：「我會在你們殺了我之前盡可能殺光你們，能殺幾個就殺幾個。」他在前 3 個月的單獨監禁期間裡如此這般幻想著。

今天的納瓦茲是個改頭換面的人。現在的他是一位對抗激進伊斯蘭教派的主要社會運動人士，與夥伴共同創立了反伊斯蘭主義團體 Quilliam，也曾受到美國前總統喬治‧布希與英國前首相大衛‧卡麥隆，以及其他重要人士的接見與款待。在他多次的媒體露面以及文章和著作中，納瓦茲都大力鼓吹以同情戰勝憤怒，以及認同「他人」擁有與自己共通人性的觀點，無論這些「他人」是誰。

究竟納瓦茲如何達到這樣的轉化，從一個潛在的恐怖分子，變成一個和平運動人士？這絕對不是件容易的事：「一點一滴，我必須從裡到外重新建構自己的人格。」他

在《激進》裡如此寫道。不過其中還是有許多很明顯的轉捩點、主題和影響，能與其他人的救贖故事相互呼應。

教育是第一個轉捩點。納瓦茲利用坐牢的時間閱讀了極大量的文學作品——不只是伊斯蘭經文，還包括了英國文學經典，像是《動物農場》，以及托爾金的作品。「這是個找回人性〔重新發現對他人的同理心以及與他人之間的連結〕的組合，從源頭開始研究伊斯蘭教義，並從文學作品中努力掌握人性的複雜性，在許多方面都對我帶來了深遠的影響。」他如此寫道。以人格特質的術語來說，納瓦茲大幅地提升了他的開放性和親和性。

除了教育之外，納瓦茲有此轉變的另一個主要影響是，他受到了其他人發揮同情心的對待。在埃及坐牢時，國際特赦組織將他歸類為「良心犯」（純粹因個人信念而被監禁的人），並大力為他爭取釋放的機會。儘管生涯早期所經歷的種族歧視與暴力讓納瓦茲對人性無感，同時也讓他麻木不仁，但他說國際特赦組織對他所展現的同情心，為他帶來了重新找回人性的效用。「我之所以是今天的我，有一部分是因為他們決定要聲援我。」他在他的回憶錄中如此說道。

最後一個讓納瓦茲轉化的因素是，新的人生目標。他開始明白，伊斯蘭恐懼症和伊斯蘭主義人士兩者都是人權的大敵。他給了自己一個挑戰，去打造一場訴說反面故事的全新運動，而這個計畫最後終於在 2008 年水到渠成，由他和艾德‧侯賽因（Ed Husain；同樣也是一位洗心革面

的伊斯蘭激進分子）共同創辦了國際智庫 Quilliam，這個組織的自述為：「全世界第一個反激進主義的組織。」

　　就跟納瓦茲本身的努力和起心動念一樣，社會力量也形塑了現在的他。一些他之前在伊札布特的盟友，也在不知不覺間讓他離棄了激進主義。他們為了自己的利益背叛了他，這也讓納瓦茲看見他們真正的模樣——他們不是伊斯蘭教無私的僕人，而是一群自私自利、野心勃勃的自我主義者。

　　納瓦茲的故事生動地展示了心理學家布萊恩・利托的想法，利托深入地研究了個人計畫對於人格發展的重要性。就本質上來說，這些計畫就是你想要在人生中實現的目標。利托說，如果你有足夠的動力去實現那些對你來說最重要的目標，那麼它們就能夠以幫助你達成目標的方式來改變你的特質（即便只有在關鍵的時刻如此）。

　　從納瓦茲的案例來看，他的新目標也許無法完全改變他的特質（除了提高他的親和性和開放性之外），但絕對導正了他朝更正面的方向前進。很顯然地，高度的外向性和責任心特質中有一部分曾讓他在激進主義上大放異彩，包括他的熱情、驅動力以及人際交往能力，而從那之後，這些特質就被他轉而用在智庫 Quilliam 的工作上了。「如果我不能為某些事情奮鬥，那我就什麼也不是」他在他的回憶錄中如此寫道。這個曾驅動他朝極端主義前行，被他稱為「奮鬥的浪漫主義」，依然還留在他心中，他說，但現在這成為他追尋和平目標的動力。

　　你的人生使命可能沒有像對抗世界上的極端主義這麼遠大，但如果你有興趣改變自己，思考如何打造出你的主要目標和野心，是很值得去做的事。這些目標可以直接形塑你的人格，並提供背景讓你的特質得以展現出來。如果你想要變成一個更好的人，只要謹慎地去選擇你在人生中最優先的目標為何，距離你實現這個目標就能再更近一些。一個很實用的方法是，進行一個簡單的思考練習，也就是美國心理學家布萊恩・利托所稱的「個人計畫分析」，如下所示：

練習：深思你人生的主要目與使命

- 寫下所有你目前想要達成的事——無論是找到一份新工作，學習如何冥想、試著成為一個更好的朋友、為慈善團體募款、宣傳一場社交活動，或是減重都可以。

- 再拉近聚焦在其中的二或三個對你來說最重要，也最有意義的目標上。現在，針對每一個目標做些筆記。它們能帶給你快樂嗎？他們是發自你個人的興趣和價值觀，抑或是別人加諸在你身上的呢？你覺得自己在此事上有所進展嗎？你是否是為了別人才朝這個目標努力（而不完全是為了你自己）？你對這些問題回答「是」的次數越多，你就越可能擁有快樂的人生。

- 如果你發現有些目標對你來說並不重要，而且是由其他人加諸於你的，也與你的價值觀不符，或是為你帶來了

極大的壓力和挫敗感，那麼你可以認真地考慮是不是該放棄它們比較好。

- 反過來說，如果你發現有些目標對你來說意義重大，但你目前卻還沒有任何進展，那麼這也很可能會讓你感到不快樂，你可以試著重新組織這些目標，讓它們比較不那麼令人望而生畏或是含糊不明（舉例來說，把「試著寫出一本書」這個目標改成「試著每天寫作半個小時」），或者你可以想想自己是否需要更多支援、訓練或是個人成長（可以利用本書中所提出的各種策略，來改變你的人格特質，而這也會在過程中對你有所幫助）。

- 如果你對改變人格有興趣，包括找到個人的救贖在內，那麼考慮你的個人計畫是不是運用你的人格力量最好的方式，以及這些目標能否將你的人格打造成你想要的模樣，這就是很重要的事了。舉例來說，如果你很想讓自己變得心態更開放，那麼核心計畫所包含的實驗性質、冒險、挑戰，或是文化的成分很少的話，這個核心計畫可能就沒有太大幫助。如果你希望能變得更有親和性，那麼一個讓你感到挫敗且憎恨，而且最終是很自私或是會令他人不悅的計畫，就可以肯定絕對是在幫倒忙。

- 如果在做完這個練習之後，你覺得你需要一個新的人生目標，不要只是坐著反省。相反地，你應該盡可能讓自己多去接觸各種興趣、想法、社會議題、人物以及活

> 動。去多做點試驗並和他人交談——尤其是那些與你價值觀相符的人——看看是什麼事情讓他們每天早上有起床的動力。對事物的熱情極少會出現某個神奇的「我找到了！」的時刻擄獲我們，所以，花點時間慢慢來吧。

其他關於救贖的故事

　　熱情與使命的力量塑造了人格，這在許多救贖的故事中都能看到。來看看卡特菈．科比特（Catra Corbett）的人生，她第一次觸法是青少年時期在加州順手牽羊。而在成年後，她變成了吸食安非他命的毒蟲，同時也是個小型毒販。在她近期出版的自傳《跑出重生的自己（暫譯）》（*Reborn on the Run*）中，她描述了毒癮是如何掌控了她的人生，也讓她反覆地傷害她最關心的人：「那時我很少和我的家人見面。我每個月會幫我媽做一次頭髮，她都會說那我們一起去吃個午餐。我每次都會答應，然後接下來我不是忘了，不然就是我根本就沒出現，而後者更常發生。」在她因為販毒被捕，並在拘留所待了一個晚上之後，她身為毒蟲的人生終於來到了谷底。「這不是我。」那個晚上的她這麼想，「我真的不是個壞人……有些事情必須要改變。」

　　一開始的問題是，科比特不知道要如何改變，儘管她

已經可以拒絕毒品了，但她並沒有任何她所謂的「心智工具」來讓她維持健康。據科比特對自己生活方式的描述，她有很高的可能性是個極度外向者：之前的她擁有許多朋友，很喜歡參加派對，而且會受到毒品的刺激和興奮所誘惑。為了翻轉她的人生，她需要一個能夠滿足這個外向天性的方式，並且能將她的外向性與提升了的責任心相結合，為她的人生帶來更高的克制與秩序。

　　就跟納瓦茲一樣，教育在科比特的人格重建中扮演了一個重要的角色。她重新回到她的母校，取得了她在成為青少年犯時沒有拿到的文憑。但科比特更大的轉變是，她偶然發現了跑步這件事。在她經歷了被關進拘留所之後沒多久，那時的她已經戒毒，有一天——幾乎可以說是突如其來，而且或許也是受到她非常想念但已經過世的父親所啟發，她想起小時候父親曾鼓勵她多運動——她穿上了運動鞋，毫無計劃地就帶著她的狗兒開始跑了起來。「我跑完整個街區，覺得自己快要死了。在我跑完的那一刻，我覺得全身熱到快要燃燒而且筋疲力盡。我直接癱在家門前的階梯上，不斷地深呼吸。我感覺很棒。哇噢，我心想。我真的去跑了。我感覺非常好，當下我就覺得我要成為一名跑者。」

　　有段時間，科比特需要心理治療來克服她的飲食障礙（除了外向性之外，她之所以無法抵抗毒品成癮以及出現心理疾病的原因，很可能是因為她的情緒不穩定性特質也很高）。最後，她對跑步的熱情轉化了她的人格以及她的

人生。今天的科比特，是全世界最頂尖的超馬跑者之一，事實上，她是一個精選俱樂部的成員，裡面只有四位成員曾經跑過一百英里超過一百次。

跑步為她的外向天性提供了一個出口（「完成馬拉松帶給我的飄飄欲仙，就跟吸毒一樣，不同的是，跑步改善了我的生活，而不是把它給搞砸」），而自從她全心擁抱這項運動，並為自己設定了更高的挑戰，從馬拉松再到距離更長的超級馬拉松，這給了她的人生一個她所需要的新架構，得以提升她的責任心並安撫她情緒上的不穩定——以我在第二個單元中所描述的社會投資理論來看，這是個完美的真實人生範例。「我總是為了某個比賽在做訓練。」她在自傳中這麼說道。「我對我的人生有個計劃。而我已經擁有我所需要的一切。」

擁有像是跑步這樣的個人計畫，有一個具體的好處是，這可以讓你很容易就能利用里程碑的動機力量。當你面對著艱困的挑戰，無論是學習新語言或是找到救贖，為了獲得明顯的進步而用盡所有的力氣，這有時也會讓人感到心灰意冷。像是跑步這一類的活動，很容易就能夠紀錄你的進步（可以換算成距離，像是你第一次跑完五公里或是半程馬拉松，以及你總共跑了幾次），而且可以為這些新成績獎勵自己，這是非常強大的激勵。就如同商管學者奇普・希斯（Chip Heath）與丹・希斯（Dan Heath）在《關鍵時刻：創造人生 1% 的完美瞬間，取代 99% 的平淡時刻》（The Power of Moments）中所解釋：「里程碑定義

了那些我們可以征服而且值得去征服的時刻」，以及它們
能幫助我們「堅持到終點線」。

　　只要有足夠的想像力和投入，無論你的目標本質為
何，都有可能運用這個方法——舉例來說，用寫日記來記
錄你所達到的所有成就，無論是多麼小的成就。以學習語
言這個具體的目標，或是更崇高的抱負像是獲得救贖來
說，值得記錄的就會是你第一次用西班牙語成功完成點
餐，或是你第一次為了全然利他的理由幫助了別人。記錄
下這些進展並獎勵你自己，這麼做能幫助激發出其他的動
力，以及真正的驕傲。與傲慢的驕傲不同，真正的驕傲來
自於你對自己認真努力的成果感到滿意。真正的驕傲感覺
很棒，只要你嘗過這樣的滋味，你就會想要更多，而這也
會幫助推動你更朝向你的目標邁進。

　　身為一個在美國賓州長大的任性少年，尼克‧亞瑞斯
（Nick Yarris）有著他自稱的「衝動控制障礙」。10 歲時
第一次喝到啤酒之後，他就再也沒有回頭。到了 14 歲時，
他每天都喝酒並吸毒。一年之後他因為偷竊遭到逮捕，而
之所以偷竊，是為了要滿足他越來越大的毒癮。亞瑞斯的
人生在 1981 年徹底出了軌，當時 20 歲的他因為闖紅燈而
被警察攔下。根據亞瑞斯在他的回憶錄《對 13 的恐懼》
（*The Fear of 13*）中的說法，這位員警對他的態度非常粗
暴，於是他們發生爭吵，而這位員警的槍在過程中意外地
擊發。這把亞瑞斯嚇到立刻投降，但這位員警對他充滿了
恨意。就在這番爭吵結束之後，這位員警用無線電呼叫支

援，大聲吼叫：「開槍了！」而這引發了一連串事件，導致亞瑞斯被以意圖謀殺該名員警而遭到起訴。

彷彿事情還不夠糟，接下來亞瑞斯編造了一個計謀試圖為自己扭轉局面，他聲稱自己知道當地一樁尚未偵破的謀殺案的主謀是誰。這個計謀結果反而害到他自己，最後亞瑞斯自己不止被以意圖謀殺員警起訴，還多了強暴與謀殺一位當地女性的罪名。在隨後的法庭審理中，他被判有罪，並面臨被關押在死刑犯牢房長達 22 年的恐怖經歷，而一切都是為了他根本沒有犯的罪。

你可能會想像，這樣的人生經歷應該會讓一個具有反社會傾向的小罪犯變成一個充滿報復心的怪物吧。事實上，今天的亞瑞斯是個正派且人性光輝的典範。2017 年，他自費出版了《慈悲的方法》（*The Kindness Approach*），在書中他呈現了要如何導正憎恨與憤怒，將之轉化成寬恕和同情。

亞瑞斯是如何達成這樣的轉化？他的故事中有些主題與納瓦茲和科比特相互呼應：他在監獄中重建了他的人生，利用他會對事物成癮的人格來教育自己，並持續不斷地為自己奔走，最終反轉了他的冤獄。也因為如此，亞瑞斯成為賓州第一個透過 DNA 檢驗而被證明無罪的死刑犯。

為了證明他是無辜的這個動力，成為亞瑞斯的新使命，也幫助架構了他獲得救贖的人格改變。即便在他獲釋後，他仍然成功地將他的精力與熱情導向讓自己過著滿懷慈悲與善意的生活，這有一部分也是受到他母親的啟發，

這位母親對他說，他努力得來的自由代表他有責任做一個有禮貌且懂得尊重的人。慈母的忠告觸動了他的心弦：「每一天，我都非常努力要讓自己做一個超級正向的人，並投入了許多積極的能量和善意，也因此我才能夠徹底重新打造我的人生觀與生活方式。」他在《對 13 的恐懼》中如此寫道。

救贖的阻礙

這三個救贖的故事——納瓦茲、科比特與亞瑞斯——都擁有幾個關鍵特徵：轉化的經歷（即坐牢監禁）、自我教育、全新的使命，以及他人所給予的啟發和鼓舞。

這些故事是否意味著，改變那些社會眼中的「壞人」：罪犯、騙子和詐騙集團，是有希望的？可悲的現實是，許多這類人都沒有想要翻轉他們自己的本能或渴望。同樣地，監獄通常也無法提供能培育出有益改變的正面經歷；情況通常剛好相反。要求獄方或具影響力的親朋好友提供神奇的轉化時刻，實在很不切實際。

不過，或許改變最大的阻礙在於，許多犯罪者並不想要改變，也看不出有什麼理由要嘗試去這麼做。許多罪犯都擁有會產生不良後果的思考習慣，這讓他們能夠合理化自己的行為，同時增加他們在未來再次犯罪的可能性。

罪犯具有一種特徵性的思考方式，這個想法最早可以

追溯到 1990 年代,當時一位心理學家格倫·沃特斯(Glenn Walters)開發出了一套深具影響力的測驗:犯罪思考方式心理量表(the Psychological Inventory of Criminal Thinking Styles),簡稱 PICTS。方法是讓大家評量自己對表中的八十項陳述表示同意還是不同意,如下所示:

你跟罪犯想的一樣嗎?

	同意	不同意
我有時候會聽到一些別人聽不到的東西		
我的行為沒有什麼不對的地方		
社會是不公平的,我是沒有選擇才會去做犯法的事		
我會用酒精來讓自己比較容易能作奸犯科		
我在過去已經受夠懲罰了,我需要讓自己喘口氣		
無法控制事情讓我很不舒服,我喜歡有掌控他人的力量		
我以前就曾經逃過制裁,所以以後我也很有可能做我想做的事但不會被抓到。		
我時常拖拖拉拉		
約好的社交活動我時常會爽約不出現,因為這樣我才有時間去吸毒或是犯罪		

這些陳述的設計都是刻意要觸動犯罪思考的不同面向,包括(從頭到尾)迷惘、防禦、安撫(合理化不正當的行為)、擺脫罪惡感及其他感受(藉由飲酒和吸毒來讓

自己更容易去犯罪）、應得的權利、權力導向、過度樂觀、懶散怠惰，以及難以持續（無法從頭到尾把計畫執行完成）。如果你發現自己同意表格中的許多陳述，這暗示了你的思考方式跟罪犯有相同的傾向。但也不要太擔心，因為完整的測驗更長也更深入，而結果也需要依照每個人的背景和實際行為來判讀。

具有罪犯人格和思考方式的人一旦被抓去關，監獄裡的環境很不幸地會讓問題變得更嚴重，因為監獄會對他們的人格造成有害的影響：長期失去自由選擇的權利、缺少隱私、日日背負著恥辱、頻繁的恐懼感、需要時時戴上刀槍不入以及情緒冷感的面具（為了不被他人欺負），以及日復一日被要求得遵守施加在他們身上的規定和例行事項。確實，根據面試了數百名囚犯的劍橋大學犯罪研究所研究人員所說，長期監禁會導致「自我的基礎改變」。有些專家稱這種對監獄生活的深刻人格適應為「監獄化」。

就算只是在監獄裡待上一小段時間，都會對人格造成影響。2018 年，荷蘭心理學家針對 37 位囚犯進行了兩次測試，間隔為三個月。在第二次測試時，囚犯的衝動程度變高，而注意力的控制能力則是變糟──這些改變顯示出責任心降低，而研究人員將之歸因於他們在監獄中喪失了自主權以及認知上的挑戰。

有害的人格改變也很有可能在出獄之後緊緊相隨，也就是所謂的監禁後症候群，而這會讓前受刑人難以重新適

應正常的社會。在波士頓與 25 位被判無期徒刑的受刑人所進行的訪談中，心理學家發現，他們發展出了各種「機構化人格特質」，特別是在無法相信他人（親和性特質低的關鍵特徵）這部分，類似於長久以來性格偏執的人。

但仍是有希望的微光存在，如同科比特、納瓦茲及其他人，監獄體驗的各種面向有時也可以帶來對人格有益的影響。舉例來說，一項自 2017 年開始的瑞典研究，也是少數將五大人格特質模型應用在受刑人人格改變上的研究，他們比較了戒護程度最高的受刑人與其他控制組，包括了學生和獄警的人格側寫。就如同你所預期，受刑人在外向性、開放性與隨和性的分數較低，但他們的責任心分數卻較高，特別是在附屬特質的服從性和自我紀律這兩個部分。研究人員認為這可說是對環境的一種正向調適，在嚴格的規定與規範之下，受刑人以提高責任心的方式來避免自己陷入麻煩。

像納瓦茲和亞瑞斯這樣的前受刑人，他們成功地利用了自己在監獄裡的時間，以有益的方式來重建自己的人格，看起來他們似乎大大善用了這些正面的影響，同時也將監獄環境中具有傷害性的影響控制或降至最低的程度。他們也修正了自己的犯罪思考方式，其中有很大一部分是透過自我教育。

幸運的是，有些證據顯示，經過架構設計的更生計畫，像是「認知自我改變」（Cognitive Self Change）的介入方式，透過鼓勵犯罪者去反思並面對讓他們犯下罪行背

後的想法和信念為何，也可以有類似的效果，比方像是有
人認為人生是不公平的，所以去傷害他人沒有什麼不對，
或是如果有人把貴重物品大喇喇地放在所有人都看得到的
地方，或是沒有任何保護，那是他們自己的錯。這些更生
計畫也會教導生活技能和基本行為方式（比如要準時和有
禮貌），幫助他們用更有建設性的方式，不用作奸犯科就
能處理像是人際關係的問題、壓力和債務等等（而這麼做
也會增加犯罪者的責任心與隨和性特質，並降低他們的
PICTS 犯罪思考評量分數）。

　　「一次又一次，我親眼見證了真正的改變。」傑克‧
布希（Jack Bush），「認知自我改變」介入方法的共同創
設人，在 2016 年對美國全國廣播電台這麼說。布希舉了
個他認識的人做例子，這是個終其一生都在犯罪的人，名
叫肯恩，他曾一度設下目標要成為一個「你所見過最壞的
罪犯」。然而，透過認知自我改變計劃，他才發現他的犯
罪意識原來深植在他的思考習慣中。之後他告訴布希，這
個發現讓他找到了新目標：做一個有尊嚴的人。「他出獄
後的這多年其實都不是很好過，但他是個按時繳稅的公民
──也是一個有尊嚴的人。」布希如此說道。

　　其他的更生計畫使用了一個稍微不同的方法，那就
是，針對受刑人扭曲的道德觀念著手。具反社會人格的人
在面對道德困境時，傾向於採取「功利主義」的觀點──
也就是，他們會不帶任何感情地去衡量事情，根據他們所
認為的邏輯理由來將犯罪行為合理化。最著名的道德矯正

更生計畫，道德意圖重建療法，使用了認知行為療法的原則，試著發展犯罪者的道德觀念——舉例來說，鼓勵他們針對後果做更多考量、挑戰他們不道德的信仰和思想，並教導他們更多進階的道德原則。

　　至於幫助受刑人改變人格，讓他們變得更好，其實有非常多樂觀的理由可以做到，但若太過自滿就會是個錯誤。有些立意良好的介入方式，包括許多制定了嚴格規則並有許多嚴酷體能活動的激勵營，都被證明是有害的。最惡名昭彰的例子應該就是自 1939 年開始，在波士頓附近城鎮進行的劍橋索默維爾青少年研究了。在這個研究中，每一位少年犯都會搭配一個成年的導師，而這位導師應該要對他們懷抱善意，並鼓勵他們發展正面的人格。但事實上，跟控制組相比，使用這個介入方式的結果反而較差，包括了犯罪率更高（這裡有幾種理論解釋為什麼會出現這樣的狀況，包括了介入團體中少年犯的不良同儕會讓他們更加誤入歧途）。這些令人失望的結果是個提醒：儘管正面的人格改變是有可能的，但並非如此直接了當或是很簡單。單純只仰賴良善的立意和程序上似是而非的計畫是不夠的；最關鍵的是使用有證據證明有效的方法。

　　或許更生計畫最大的障礙就是，許多犯罪者沒有動機想要改變，也拒絕參加任何更生計畫，再不然就是參加之後很快就會退出。他們沒有任何想要改變的渴望，而只要少了這樣的渴望，希望就很渺茫。為了全力面對這個挑戰，南加州查爾斯敦的一個開創性的非營利組，Turning Leaf

Project，近期採取了非常不同於一般的方法，他們支付前受刑人每週 150 美元，請他們來參加每天 3 小時，主要針對他們的犯罪思考方式的認知行為治療課程，直到累積上滿 150 個小時為止。儘管可以拿錢，還是只有約 35% 的人會把課程上完，不過好處是，根據 Vice 雜誌的報導，截至目前為止，之前把課程上完的人都沒有再因犯案而被逮捕過。

　　沒有受到妥善處理的心理健康問題，則是另外一個阻礙犯罪者改造自己的因素。舉例來說，受刑人罹患憂鬱症的比例是一般人的 3 倍之多。相較於一般大眾，男性受刑人自殺的風險是 3 倍，而女性受刑人則是 9 倍。缺少適當的治療或其他的支援，這類問題也很可能會對受刑人的人格以及他們改過自新的意願有不好的影響。

　　同樣地，與成功改變人格的機會直接相關的是，犯罪者是否擁有「反社會人格障礙」──也就是說，他們的犯罪思考習慣和行為被認為是一種心理障礙：極度嚴重且持續長久，但最終可以治癒──又或者他們是擁有一種更極端的心理變態人格，很多人認為這是無法治癒或是改變的，不過這個說法仍有爭議。

　　雖然有將近 40% 的受刑人被認為擁有反社會人格障礙，但其中只有很少數是心理變態。雖然心理變態的人都有反社會人格障礙，但有反社會人格障礙的人不代表就一定是心理變態（我會在下一個單元更深入說明心理變態這個部分）。

整體來說，許多關於救贖的個人故事——納瓦茲、科比特、亞瑞斯，以及其他跟他們很像的人——都結合了對於犯罪者更生研究文獻的發現，呈現出充滿希望的訊息——同時也與貫穿本書的論點一致：人格具有可塑性。有了正確的態度、充足的動機，以及他人的支持，某些壞人可以達到有意義且正面的改變，包括那些曾經有犯罪歷史以及曾經傷害他人的人。教育通常都是關鍵所在，如同找到重大的使命召喚或人生目標，都能夠培養出正面的人格改變，並一路支持人們走向光明的旅程。

當好人變壞

令人難過的是，也有許多從英雄轉變成怪物、性犯罪者、強盜和騙子的故事。來看看蘭斯·崗德森（Lance Gunderson）的故事，他出身貧寒，由單親媽媽撫養長大，他挺過了擴散到肺部、胃部和大腦的攝護腺癌，成為前所未見七次奪下環法自行車賽冠軍的人，同時也是 Live Strong 癌症慈善團體的創辦人，為癌症病患募集了數百萬美金的善款。蘭斯戰勝困境的成功故事啟發了一整個世代的人，也因此《富比士》雜誌稱他為某種「凡間的耶穌」。然而，後來使用了母親第二任丈夫姓氏阿姆斯壯的蘭斯，（在美國緝毒署漫長的調查之下）承認了他所有的自行車比賽頭銜都是靠作弊得來的。被《週日時報》封為

「極限自行車手」的阿姆斯壯，不只被指控做出令人髮指的欺騙行為，同時也因長年來不斷地以撒謊和霸道的行徑否認自己所犯的錯，而備受抨擊。

政界一些知名人物也有類似的故事，眾所週知的正直典範竟變得骯髒又腐敗。看看曾是美國副總統提名人的前參議員約翰‧愛德華茲（John Edwards），被視為是民主黨道德高尚的政治金童。他在妻子罹癌時外遇出軌，不但說謊更想盡辦法要遮掩這樁醜聞。又或者是前國會議員安東尼‧韋納（Anthony Weiner），這位「精力充沛且優秀」（引用自《泰晤士報》的形容），證婚人是美國總統比爾‧柯林頓的政治新星，之前曾因傳送自己的猥褻照給一位 15 歲的少女而被逮捕入獄。

那麼體育界傳奇人物兼演員的 OJ 辛普森又如何呢？聲名狼藉的他被控謀殺妻子和她的朋友，之後又因持槍搶劫與綁架而啷鐺入獄。還有羅夫‧哈利斯（Rolf Harris），這位一度深受眾人喜愛的澳洲兒童節目主持人，在 2014 年因性侵青少年粉絲而被判刑入獄。而或許其中最令人不安的就是吉米‧薩維爾（Jimmy Saville），英國電視與廣播節目主持人，他因為他的兒童節目和慈善工作而獲封為爵士（根據報導，他透過他的慈善工作募集了數百萬美元），卻在他死後被指控猥褻與強姦了數百位受害者，其中包括了好幾位兒童。

光是想像這些被外界形容成好人的人變得邪惡，就可以寫出非常生動的故事，像是影集「絕命毒師」（Breaking

Bad）中的人物華特‧懷特，他就是從一個認真努力的化學老師變成了冷血無情的毒販和殺人犯。然而，現實很少會像虛構故事那般非黑即白。阿姆斯壯、薩維爾、愛德華茲以及其他人的故事，都是顯露出人性弱點與殘酷的哀傷悲劇，但卻不清楚它們是否單純或直接反映出了人格的改變。很多時候，這些揭露黑暗面的名人案例都是突如其來的震撼彈，但事實上他們多年來都在從事這些不法行逕，而且通常都跟他們的美德和備受讚譽的舉止同時並行。

那麼我們只能說，推動這些人物得以成功的並非是戲劇化的人格轉變，而是相同的一個特質——毫不遲疑的決心；你可能會稱之為傲慢——以腐敗的方式來助長他們的罪行和違法行逕，無論是使盡各種心機詭計來說謊矇騙，或是自私自利以及對滿足性需求和追求權力的渴望。畢竟，如果一個名譽掃地的名人一開始就有更好、更柔韌、更隨和且無私的人格（用人格特質的專有名詞來說，如果他們在親和性特質的分數很高的話），那麼他們就無法擁有如此這般高度的成功和權力。所以，與其將這些令人難過的故事當作是戲劇化人格改變的範例，不如將它們視為擁有強大、以成就為導向的特質的人，被災難性的判斷力或意志力（起因於責任心特質低落或暫時消失）所誤導，接下來逐漸演變成失控的狀況，這樣會更為精確。

事實上，純粹的好人徹底變壞，這是個過度簡化的想法，因為身為人，我們每天都要面對一場戰鬥——在我們短暫的衝動與低階欲望，以及更高尚的道德與長期的抱負

之間，來回拉鋸。誠實地回想一下你自己的人生，就算你認為自己在大部分時間都是個道德高尚的人，你很可能還是可以想起一兩件讓你覺得慚愧的事情。最近一次你在公司受到稱讚時，或許你心裡帶著點罪惡感想起你是在履歷表上灌水才得到這份工作的。昨晚你的另一半凝視著你的雙眼，說他很感謝你對他的愛和支持，或許當時你心裡瑟縮了一下，對你白天跟同事調情的方式感到不安。

對那些名譽掃地的名人和政治明星來說，這些戰鬥同樣也在他們心中上演，但卻是以一種更為戲劇化也更誇大的方式，而且是在大眾的眼前進行。他們的才華和野心讓他們登上了神壇，但那令人眩目的高度同時也帶來更大的誘惑──毫無節制地獲取金錢、酒精、藥物和性，以及欺凌他人的機會、引誘並操控易受暗示的粉絲以獲取短暫的滿足感，或是去追求更大的成就。

與此相關的證據是，擁有控制他人的權力會讓我們將他人「非人化」──將他人視為可用來操控的工具，而不是有血有肉有感情的人。心理學家推測，在某種情況下，這可以算是一種適應方式──舉例來說，這能幫助政治領袖在權衡兩個不同族群的人的生命孰輕孰重時，做出看起來根本不可能的抉擇，或是給了外科醫師一種他們需要的心理距離，讓他們得以對另一個血肉之軀開膛破肚。

但這個解釋仍是讓人不禁會疑惑，為什麼薩維爾和其他人可以長年進行這樣的暴行。如果他們骨子裡真的是好人，為什麼他們沒有讓自己走回正途？很有可能他們的

人格和道德已經被那些罪惡的想法腐壞了，他們對自己正當化這些行為的方式，就跟一般的罪犯以自己的邏輯和合理化說法來解釋並執行他們的行為一樣。舉例來說，在歷經千辛萬苦努力獲得了他們的成功之後（有很多人的狀況是，他們在過程中也因為長年無私奉獻的努力而獲得讚賞），這些後來墮落的名人可能都跟自己說，某種程度上他們算是靠自己取得了一種權力，能夠滿足自己更為肉欲的渴望，以及越來越自私的夢想。

你可能也會用一種更為普遍的方式來進行這種「自我道德許可」，比方像是在工作壓力非常大的一天過去之後，讓自己喝杯葡萄酒，或是你會在健身房賣力揮汗鍛鍊之後，允許自己打破不能吃馬芬蛋糕的禁令。想像起來這也很顯而易見，那些曾經是金童的人或許也曾對自己說，他們付出了人生這麼多年的時間在他們的運動或藝術上，他們應該要獲得某種程度的自由或是回報才對。

心理學家大衛・德斯泰諾（David DeSteno）和皮爾卡德・瓦德索洛（Piercarlo Valdesolo）在他們的著作《表裡不一（暫譯）》（*Out of Character*）中推測，自我道德許可可能就是另一則惡名昭彰的事件，也就是前紐約州長艾略特・史必哲（Eliot Spitzer）因失德而從神壇上摔落背後的原因。「偽道德典範」的史必哲曾努力不懈地打擊貪汙與賣淫，包括加強反娼妓法，並增加使用伴遊服務的費用。當被人發現他是帝王俱樂部這個位於紐約市，現已解散的VIP伴遊公司的常客，醜聞就此爆發。自我道德許可「可

能發揮了部分作用，讓史必哲決定自己可以放縱一下」，德斯泰諾和瓦德索洛如此寫道，「畢竟，他所有打擊貪腐的功績，難道不是在某種程度上一次又一次給了他許可，讓他能去享受那些令人厭惡的行為嗎？」

那些曾經看起來道德非常高尚的人所出現的日常轉變，可能也是經歷了相同或類似的過程：失去自我控制，以及隨之而來的自我辯解。想想一個全心為家庭付出的男人跟一個年輕的同事私奔了（他說服自己這次該輪到他自私享樂了），又或者是一個誠實、努力工作的員工，在升職失利後，開始想辦法揩公司的油（然後用她所感受到的不公平來說服自己這是她所應得的）。

當欲望和憎恨這類強烈的情感引發我們做出跟人格不符的事，其所造成的影響有時候會帶來持續性的改變，特別是如果這對你的狀況、優先順序和觀點造成影響時更是如此。因為得不到另一半的原諒，那位偷吃的先生離開了家庭和他的工作，搬去跟小三一起住，變成一個隨和性和責任心都降低的人，也進一步對他的其他人際關係帶來了負面的後果。那位不受重用的員工最後被解僱了，於是她越來越痛苦、孤立和心灰意冷，在過程中外向性和責任心都變低，造成她在工作上一個向下沉淪的循環。

無論什麼時候你發現自己向誘惑低頭，並覺得自己的人格朝不好的方向改變了——舉例來說，在工作時說謊，或是把別人的痛苦當作你的快樂——你都可以從這些惡名昭彰的失德故事中學到一些教訓。一般來說，對自己說謊

再加上那些合理化和自我滿足的自言自語，會讓人持續墮落，接著就是想盡辦法掩蓋並辯解你所做的事。想打破這個循環，最好的辦法就是承認你所犯的錯。誠實地認知到目前的狀況是要彌補，以及事先做好計畫以避免自己再次重蹈覆轍的第一步。從這個角度來看，一個很重要的方法就是參考納瓦茲、柯比特以及其他人的救贖故事，想想你的人格特質和野心可以如何被導正，並透過有建設性的出口得到滿足。

許多這類墮落名人的故事，都是從原本的英雄屈服於性、權力或更大成就的誘惑開始。然而，還有另外一種形式的誘惑可以讓好人變壞。那是更加理智與哲學性的形式：人們會受到危險意識形態的腐蝕，導致他們變成極端主義分子。某種程度上，這就像是有人訂定了危害自身道德觀念的個人計畫，正好和納瓦茲和科比特令人振奮的故事相反，有如鏡子的正反兩面。有害的意識形態、信念或野心，會腐蝕人們的人格特質，降低他們的隨和性、開放性和外向性。

對於人們是如何在政治或宗教上變得極端這一點，大多數心理學理論的解釋都是，這很顯然要歸咎於人格的改變，而不是因為某些之前隱而不見的心理變態，或潛在的心理疾病發作所導致（沒有證據顯示暴力的激進分子比較容易罹患心理疾病），而是因為開始改變觀點或效忠的對象所造成。通常是接觸到具煽動性的新世界觀和群體認同，而這些觀念和認同正好替他們說出了內心不滿與不公

的感受，導致他們選擇了黑暗並受到誤導的解決方式。

　　所以，儘管一個曾經「正常」的人變成了暴力的極端分子，也並不是開關一按他們就會從好人變成了壞人。而是他們被引誘走上了一條黑暗的道路，同時他們深信，基於某種更崇高的目標，在道德上這是合情合理的事。舉例來說，激進主義的傳教士可能會告訴他們，為了人民的最大利益，他們必須採取暴力行動。在這種情況下，心態和信念的變化會是最先發生的。當這些人變得越來越激進之後，人格也會跟著改變，如此才能讓他們合理化自己越來越暴力的犯罪行為。

　　這麼看起來，想扭轉這些人變得極端化的方式並不是開始去矯正他們不受歡迎的人格變化，而是去正視他們遭到扭曲的信念，同時，有些人認為，要先處理讓這些信念得以紮根的社會不公不義。近期針對某些心理學最惡名昭彰實驗進行再次解讀後的結果，也支持這個想法。當之前的好人開始有不好的行為，這個很明顯的人格改變並不是因為某種潛在的邪惡現形，而是來自於他們的信念，他們認為自己這些有損於道德的行為是為了要達成更偉大的目標。

　　我認為，看起來很明顯值得信賴且總是為他人著想的人，也會變成壞人。通常一開始並不是因為人格出現了變化，而是因為最初有了一次或不止一次的誤判或是意志力薄弱，因而導致他們開始自我辯解、逃避，再進一步產生了造成傷害的漣漪效應。這還可能伴隨著觀念、信念以及

優先順序的重大改變，毒害了他或她的道德觀，導致他們採取犯罪思考方式，並合理化惡行是為了某種更崇高的理由，或是出於某種扭曲的應得權利感。

當然，這不必然就是故事的結局。如果壞人可以變好，沒有理由變壞了的好人不能再次變好。只要看看老虎伍茲的重生就知道。

我在第一個單元列出了為什麼有些心理學家認為五大人格特質不能完整涵蓋人格的光譜，而且其實還有一個反社會特質的暗黑三合會：自戀、馬基維利主義與心理變態。或許有許多殞落的偶像人物一直都擁有這些暗黑特質。事實上，這些特質也對他們的成功有所貢獻，但最後卻讓他們陷入了麻煩之中。舉例來說，失德的政治人物約翰・愛德華茲將他的違法行為歸咎於他的自戀，他跟 ABC 新聞這麼說：「〔我的經歷〕助長了一種自我關注、自負和自戀的傾向，這讓你相信自己可以做任何想做的事。你是無敵的，而且無論做了什麼都不需要承擔後果。」

很多評論家同樣也將鑄下大錯的運動明星藍斯・阿姆斯壯貼上了自戀的標籤，有些則是更進一步推測，根據他多年來霸道且撒謊的行徑，還有他即便在承認他的作弊行為之後，還繼續自我辯解，顯示他可能是個心理變態的人。

我將在下一個單元更深入地探討暗黑特質，其中包括了擁有這些特質的人是否能夠改過重生，以及我們是否能從他們的處世方式中，學習到任何有用的課題，而不需要自己親身進入那黑暗的所在。

改變人格的十個可行步驟

降低情緒不穩定性	● 避免負面的自言自語，也就是那些非黑即白的想法（意即，覺得自己在面試時的表現糟透了）；別要求自己達成不可能的目標（意即，永遠都要誠實或機智聰慧）；或是以偏概全（意即，只犯了一個錯就責罵自己是個什麼都做不好的糟糕媽媽）。去挑戰這些思考模式，並用更多的同情心對自己說話。 ● 回頭想想負面情緒的目的為何，以及它們想跟你說些什麼。舉例來說，罪惡感和羞愧會激勵你變得更好；哀傷可以讓你對細節更敏銳，並讓你在體驗到歡愉時，能有更喜悅的反差。研究認為，心理和生理健康狀況都很好的人所經歷的負面情緒不一定比其他人少，只是他們比較能夠接受這些情緒。
增加外向性	● Meetup.com 這個 APP 可以讓人上去宣傳自己在主辦的活動，也可以邀請其他人來參加。如果你覺得很有自信，你也可以開始規劃你自己的活動，並邀請他人來參加。另外一個類似的平台是 Eatwih.com，可以讓你到主辦人家中一邊享用美食一邊與他人社交。 ● 讓自己透過運動比賽、競賽型遊戲或是令人激動緊張的書、電影或戲劇來習慣腎上腺素飆升和興奮的感覺。內向者對這種感覺比較敏感，但如果你透過有趣的活動來習慣更高程度的刺激，你會發現社交活動或其他外向型冒險的挑戰性並沒有你想像得那麼高。
增加責任心	● 社交媒體和永不止息的智慧手機訊息通知，會榨乾你的生產力。善用目前已有的 APP，像是 Freedom 或是 SelfControl，讓你能有時間專心做自己的事。舉例來說，他們能夠讓你不受網際網路干擾一小段時間。同時，你也可以為自己訂定簡單的規定，像是只在每兩個小時收一次電子郵件。 ● 如果你想要過著更有序且更有紀律的生活，通常從最基本的事情開始做起最好。舉例來說，開始多花點時間打理你的外觀，這會讓你覺得更有把握也更專注。甚至有種現象被稱為「著裝認知」，也就是你穿的衣服會影響你的心態。藉由聰明的穿搭，你就能開始感覺和表現得更專業。

改變人格的十個可行步驟（續）

增加 親和性	● 如果你擔任的是領導職位，請注意不要支配控制你的下屬，反而要多注意他們的需求、你能如何支援他們，以及你自己是否有樹立起一個好榜樣。這是一種轉化或以聲望為基礎的領導方式（與交易和支配的方式相反），你的下屬會因此而更加尊重你。 ● 為接下來的一週更有策略性地規劃你要去的場合、會跟你在一起的人，以及你會接觸到的媒體。研究人員認為，隨和性高的人都很溫暖友善的一個原因是，他們會避免讓自己曝露在衝突和負面情況之中。
增加 開放性	● 每週花點時間玩像是拼字或數讀這一類的解謎遊戲。這能幫助你建立智力上的信心，進而鼓勵你擁抱新想法並去追尋新知識。 ● 在你的日常活動中加入規律的運動，維持身體的活動——如果可以的話，一週至少二至三次。對自己的體能保有信心能激勵你去嘗試新活動並探訪新地方。

Chapter 7

從黑暗面
學到的事

2017 年 9 月 20 日，有記錄以來最猛烈的一場大西洋風暴襲擊了波多黎各。風速超過每小時一百英里並夾帶著豪雨的颶風瑪莉亞橫掃整個地區，一份隔年由哈佛所發表的研究估計，這場風災造成 8000 人死亡，其中包括了非直接死於風暴的人，比方像是失去醫療照護的病患。

而在 10 月 4 日，當時的美國總統唐納・川普前往波多黎各勘災，他告訴災民他們應該要感到「非常驕傲」，因為他們沒有碰上「像卡翠納那樣真正的災難」。「你們目前的死亡人數是多少？」他這樣問。「17 個人？確認死亡的有 16 個，16 個跟幾千個比看看。」而另一次在聖胡安的活動中，他被拍到面帶微笑，就像是在拋擲派對禮物一樣，朝群眾扔廚房紙巾。看到總統這種完全缺乏技巧和同理心的作法，許多人都目瞪口呆。無論他的動機為何，他似乎都沒有發現自己所選擇的動作和話語都可能會讓災民非常生氣。聖胡安市市長卡門・尤林・克魯茲（Carmen Yulín Cruz）對丟紙巾事件的描述是「既可怕又可惡。」

在他的總統任內，川普無法展現同理心這件事已經成為一種行為模式。就在颶風瑪莉亞事件之後沒多久，他被指控沒有致電給四位在尼日遭到突襲而身亡的美國特種部隊士兵的家屬。後來這位前總統終於打了電話，也再次被批評缺乏同理心，據說他跟中士大衛・強森（La David Johnson）的遺孀說：「他很清楚這一行的風險是什麼」，而且整個通話過程中一直記不住這位中士的名字。

我們無法去讀這位前總統的心思，而且當然他很有可

能並無意冒犯對方（為了幫老闆開脫，白宮幕僚長約翰·凱利這位四星海軍上將表示，他曾建議川普在談話中提到英勇殉職的軍人是在盡忠職守）。然而，從人格的角度來看，川普缺乏的不僅是同理心而已。當他面對媒體的抨擊而為自己辯駁時，他用的也是他獨有的人格模式和舉動——自我誇大、極端敏感，以及對他人挑釁式貶損所混合起來的一種惡毒風格。

以他這種行為的頻繁程度而言，許多心理學家和心理醫師都認為，川普擁有極高度的「自戀型人格」。這個專有名詞借用了希臘神話中的人物納西瑟斯，他愛上了自己在水中的倒影。自戀型人格與缺乏對他人的同理心有關，結合了外在的勇猛和自大形貌，掩蓋住深植於內心的不安全感。

自戀是暗黑人格特質三合會之一，另外兩個則是馬基維利主義和心理變態。暗黑三合會特質與五大人格特質相關，而且跟五大人格特質一樣，暗黑特質也由許多特定人格特質或附屬特質所組成——請見 P.223 的表格。確實，有些專家對自戀是否真的會引發另外三種特質，保持懷疑的看法。而其他一些專家則是提出了五大特質之外的另一項補充特質，稱之為 H 因子，或是「誠實 - 謙虛」，他們認為在這一項目上分數低的人就等於是暗黑三合會的一分子。

在本單元中，我會談到自戀和心理變態的心理學背景。我們會來看看，如果有的話，我們是否能從這些藉由

自身的暗黑人格而在人生中成功的人身上,學到些什麼寶貴的課題(畢竟川普也是成功地當上了美國總統),以及是否有可能讓擁有這類人格特質側寫的人有所改變。

我會稍微談一下馬基維利主義,這個特質是以十六世紀的政治人物尼克羅‧馬基維利(Niccolò Machiavelli)來命名,他堅信只要可以達到目的,用什麼手段都不是問題,包括說謊和背叛都可以。直接了當的說,這項特質分數高的人都是很會操控人、不誠實且自私自利的混蛋;他們會對測驗中這樣的陳述:「每一分鐘都有倒楣鬼誕生」,以及「確保你的計畫是對自己有利,而不是對他人有利」舉雙手表達贊同。自戀和心理變態的人在馬基維利主義這一項的分數一般都很高。事實上,有些專家質疑這是否真的是個可以單獨分開來看的特質。為此,我不會更深入去探究馬基維利主義,而是聚焦在我們之中那些自戀和心理變態的人身上。

你是自戀的人嗎?

平均來說,男人通常比女人更自戀。自戀的人比較愛自拍,也更有可能會去追蹤社群媒體上其他的自戀狂。以你在第一章所做的五大人格特質來看,自戀是高外向性與低隨和性兩者的組合(請見 P.223 的表格)。

暗黑三合特質與五大人格特質間的關係

	附屬特質	與五大特質間的關係
自戀	應得的權利、虛榮、相信自己的領導能力、愛表現、浮誇、愛操弄	隨和性低、外向性高
馬基維利主義	憤世嫉俗的世界觀、愛操弄、渴望掌控一切、缺乏同理心	隨和性低、責任心低
心理變態	表面的魅力、無所畏懼的統治、缺乏同理心、衝動、有犯罪性	情緒不穩定性低、隨和性低、責任心低、外向性高

　　回想一下：你在大學時常常翹課嗎（同樣地，現在的你會經常在工作上偷懶嗎？）你是不是常常爆粗口，而且會用很多性語言？如果是，那就顯示了你有自戀的徵兆。這些都是在對學生進行了四天的監視錄音後所發現與自戀相關的日常行為。心理學的解釋是，自戀的人會更常翹課或蹺班，因為他們覺得這是自己應有的權利，而他們比一般人喜歡使用性語言是因為他們的性關係比一般人更複雜。

　　從你展現自己的方式其實也可以看得出來。一項研究發現，男性自戀者會比一般人穿著更整齊、更鮮豔華麗的衣服，而女性自戀者則是會化妝並露出她們的乳溝。碩大的簽名也是另一個透露出端倪之處。還有就是眉毛粗大濃密。不得不承認，這些徵兆太過粗糙，很容易就會錯誤分類許多人！為了要更具有科學精神，以下有個簡短的自戀問卷。在讀完每一句陳述之後，盡可能地誠實評估你自己，

從 1 非常不認同，到 5 非常認同。如果你對該句陳述無所謂認同或不認同，就寫 3。

大家覺得我是天生的領導人物　　　　　　　　　　＿＿＿＿＿

我喜歡成為注意的焦點　　　　　　　　　　　　　＿＿＿＿＿

很多團體活動少了我就會很無趣　　　　　　　　　＿＿＿＿＿

我知道我很特別，因為每個人都這樣跟我說　　　　＿＿＿＿＿

我喜歡認識大人物　　　　　　　　　　　　　　　＿＿＿＿＿

我很享受別人稱讚我　　　　　　　　　　　　　　＿＿＿＿＿

有人拿我跟知名人士相比　　　　　　　　　　　　＿＿＿＿＿

我是個天賦異稟的人　　　　　　　　　　　　　　＿＿＿＿＿

我堅持自己必須得到我應得的尊重　　　　　　　　＿＿＿＿＿

　　把你每個項目的分數加總起來，然後除以 9。你有多自戀呢？為了要有個正常值的分數，你可以拿你的分數來跟 2.8 做比較，這是數百位大學生做完測驗後的平均分數。（有個爭論點是，大學生有多正常？但我們暫時先把這放到一邊吧。）如果你的分數比學生們的分數稍微高一點或是低一點，那就跟一般人差不多，但如果你的分數高過 3.7，那麼你應該比絕大多數的人要自戀。如果你的分數超過 4.5，嗯，這麼說好了：我非常佩服你正在閱讀這本書，而不是攬鏡自照，或是正在擺姿勢自拍放上 IG ！

　　你身邊的人又是如何呢？當你想到你身邊那個愛吹牛的哥兒們，或是你虛榮浮誇的姊妹，如果你懷疑他們可能是自戀人格，但不敢保證他們是否願意做這個測驗，那麼

你可以試看看問他們一個問題：「你有多同意以下這個陳述：『我是個自戀的人』？」（請注意，自戀的意思是自負、以自我為中心，以及虛榮。）一項針對數千人所進行的研究顯示，他們對這一句陳述的同意程度高低，與他們在一份有四十個項目的自戀綜合問卷中的總分有極大的關連性。

換句話說，如果你想要知道某人是否是自戀狂，直接問他們就是了。絕大多數自戀狂都不會覺得丟臉，不，應該說他們很驕傲自己是個自戀的人，或許因為這是另一種他們能夠顯示自己與眾不同的方式。（要注意，發問時的問題是：「你是個自戀的人嗎？」而不是「你覺得自己很自戀嗎？」前者會讓一個可能是自戀的人很誠實地回答，因為這是個讓他們能夠獲得一種特殊身分的機會，而不像是承認自己「很自戀」這樣的形容詞，可能會讓他們認為完全搔不到癢處。）

自戀的優點與缺點

很多人不同意讓川普當總統會有任何好處或其他利益。比較不具爭議性的說法是，他提供了一個高度可見且極富戲劇性的自戀人格行動研究案例，包括了代價和好處。沒有爭議的事實是，川普得到了全世界位階最高的職位，更別說他表現出色的電視事業，以及他創造出成功商

人形象的能力，在在都說明了這種人格類型必定擁有某些優勢。或許最明顯的是，像他這樣自戀的人早已準備好，而且也願意推銷他們自己，就算是他人得為此付出代價也在所不惜。

來看看 2017 年 10 月 16 日的一場記者會，就在他致電（或沒有致電）給陣亡士兵家屬沒多久之後，川普立刻就反擊，做出不實的聲明表示歐巴馬和其他總統也都沒有打電話給陣亡士兵的家屬。幾天之後，他告訴媒體：「我是個很聰明的人……所有人〔即記者打電話去聯絡的那些家屬〕都對我說了難以置信的好話。」他還補充：「沒有人比我更受人敬重」，而且他指著自己的頭，形容「這是我最棒的回憶」，接著他更進一步表示，他會忘了大衛·強森的名字實在是件不可思議的事。從這些話以及川普其他許多的發言中可以看出他想講的是，他是個特別、沒有缺陷，而且幾乎在所有方面都比其他所有人優秀的人（研究顯示，自戀的人通常會高估自己的能力和表現）。

在他開始當總統之前，他就會以第三人稱來描述自己，而這也是他的風格，他告訴《紐約時報》的記者馬克·利波維奇（Mark Leibovich）說，同理心，也就是評論家說他最欠缺的部分：「會是川普最厲害的地方。」而在他從遭受颶風瑪莉亞侵襲的波多黎各勘災回來之後沒多久，在三一廣播公司的一場訪談中，川普大肆吹噓他所受到的接待：「有好多人聚集在那裡，他們大聲尖叫，他們覺得一切都很棒……我很開心，他們也很開心……到處歡聲雷

動，震耳欲聾……他們非常歡迎我到那裡去。」川普聲稱，
媒體的抨擊都是「假新聞」，還補充說這是「我想出來最
偉大的術語之一」。

看多了川普的人都知道，這是這位總統經常用來回應
批評的方法：他會攻擊批評他的人，然後想辦法推銷他認
為自己最了不起的能力和本領。就像是教科書裡的自戀範
本，川普幾乎每一句話都透露出他對自己的迷戀，尤其是
他對與眾不同的渴望。

他的總統之路就是在這種獨特風格之下，帶著就
職典禮規模大小的爭議展開，儘管與證據完全相反，
但川普聲稱，這是「是有史以來規模最盛大的就職演
說」。當他在 2018 年接受英國主持人皮爾斯・摩根（Piers
Morgan）的訪談時，遭到對方質疑他轉發英國一個極右
派團體的推文，川普的回應並非只說他不是種族主義者而
已，他說的是：「我是全天下最不種族主義的人了。」

川普其他浮誇的言論還包括：「沒有人比我更尊重女
性了」（他在一段錄下他對女性發表下流言論的影片曝光
之後說了這句話）；「從來沒有人像我一樣成功」；「沒
有人比我更懂稅務，應該說有史以來就沒人比我更懂」；
以及「我比任何人都還要像個總統」。

川普的自戀風格在 2018 年 1 月可以說是來到頂點，
當時麥可・沃爾夫即將出版的新書《烈焰與怒火：川普白
宮內幕》（Fire and Fury）發布了節選內容，其中包含了
川普在白宮生活時一些令人不悅的內幕，同時也引發了外

界對總統心智狀況是否健全的疑慮。在作出回應時，川普一開始先詆毀這本書，發推文表示「麥可‧沃爾夫是個爛人，他為了要賣這本既無聊又不真實的書而編造了這些故事。」接著，一如他平日的作法，川普開始自我膨脹，推文說他在人生中最大的兩項資產就是「心理狀態穩定以及，怎麼說，非常聰明。」他立刻又澄清說他「不是聰明……而是個天才，而且是個心理狀態非常穩定的天才。」這類過度自我推銷在很多人看來並非品格高尚的行為，尤其是對一位總統來說，但姑且不論道德評價，研究認為，自戀的人通常都能因為自吹自擂而受益，至少在一開始是如此。

與川普的故事一致，自戀的人比其他人更容易成為領導者，而且在一開始，他們大部分都很受人喜愛。英國研究人員請學生填寫人格問卷，接著每週進行一次團體活動來解決各種任務，持續 12 週的時間，並在過程中定期評量彼此。結果他們發現，自戀性高的學生會在一開始被其他學生評量為非常好的團隊領導人。但有趣的是，他們的魅力會隨著時間大幅滑落。研究人員說，自戀的領導人就像是塊巧克力蛋糕：「咬下第一口巧克力蛋糕時通常都會覺得滋味濃郁、口感豐富，而且相當令人心滿意足。然而，一陣子之後，這濃郁口味給人的不適感就會逐漸增加。被自戀的人領導就很類似這樣的體驗。」

自戀的人會給人帶來很好的第一印象，至少在某些狀況中如此，這也可以從異性的閃電約會（speed dating）研

究中看出來，在這樣的情境中，比起不自戀的人，自戀的人通常都會被評量為更有魅力。以自戀的男性來說，這是因為他們在他人眼中看起來社交性很強也很外向，而這對閃電約會來說是非常有優勢的一點。自戀的女性則是被認為在肉體上較具吸引力，或許是因為她們會更用心裝扮自己，在穿著上也更有誘惑力。

在朋友之間也是如此，自戀的人一開始會引起轟動。一項為期三個月，針對好幾組大一新生人氣高低所進行的研究發現，自戀的學生會在一開始被評量為很受歡迎，但到了研究即將結束時，他們的朋友已經對他們感到厭煩。

自戀的其他優勢包括毅力堅強，特別是唯有成功克服挑戰才能獲得榮耀時更是如此。（想像一份業務員的工作，老闆唯一感興趣的指標就是獲利，這就會讓自戀的人努力去達成那些目標。）同樣地，自戀的人在收到負面回應時，會為了證明其他人錯了，而展現出極大的決心。他們的虛張聲勢和過度自信同樣也可以幫助他們推銷自己的想法。這在競選過程中也大大地幫助了川普。事實上，在 2016 年總統大選時共和黨的初選中，所有媒體想談論的只有川普，而這讓他的競爭對手付出了極大的代價。

我們可以從自戀的人身上很清楚學到的課題是，在剛開始要打響你的名號時，外向和自信的行為表現是很有益處的，就像是在閃電約會或是在一開始就被推選為領導人一樣。人生中還是有一些重要的時刻應該要放下謙虛的態

度，用自信來推銷你的想法和成就才能有所得。自戀者的問題是，他們經常會不計他人的代價來達到自己的目的，而且他們不知道何時該罷手。

想要掌握自戀者的優勢又不想讓自己踏入暗黑人格的世界，你可以設定一個長期計畫來增加自己的外向性特質，但又不降低自己的隨和性（可參考第五章的步驟）。更具體的做法是，在用比較能力高下的方式來推銷自己時，試著拿過去的自己而不是拿別人來做比較（舉例來說，跟你的老闆說：「我現在比之前更上手了」。）又或者是用簡單明瞭的方式來稱讚自己時，不要貶低他人（跟面試官說：「我是個很好的老師」，而不是「我比同事教得更好」。）另外一種自我推銷的策略是找個副手：找一位支持你的朋友或同事來幫忙展現你的成就。

為自己的成就感到驕傲並沒有什麼不對；驕傲擁有極大的驅動力（缺乏驕傲感表示你所追求的人生目標是錯誤的）。但一個很實用也很重要的差異是，要能分辨出心理學家所謂的「傲慢的驕傲」與「真實的驕傲」兩者間的不同，第六章也曾就此有過討論。自戀者傾向於前者，也就是說，他們是為自己天生就與眾不同之處而大肆歡騰。舉例來說，他們會聲稱自己之所以能得到顧客的好評，都是因為他們既迷人又有魅力的關係。前總統川普也經常會做出這一類的聲明，吹噓他與生俱來的部分是多麼地優異，包括他了不起的基因。相反地，誠實的驕傲是基於我們對自己的努力和付出所表達的認同。舉例來說，你會跟自己

和其他人說，你之所以能得到顧客的好評，是因為你拼了命想提供最好的服務。

與此同時，還有一個策略是，絕對要避免看似謙虛的炫耀——在假裝是抱怨的背後隱藏著自誇——像是：「該死，自從我開始節食和運動之後，我所有的衣服都變得超大」。研究認為，這一類的陳述會被人認為是自吹自擂，而且不是很有效果的那種，所以你在各方面都討不了好，看起來既不謙虛也不厲害。

然而，除了能夠讓人留下強烈的第一印象，具有自我推銷的勇氣，並適時地為自己感到驕傲之外，自戀者的生活方式就沒有其他什麼值得推薦的地方了。不只是因為他們的處世之道很快會被看破手腳，也因為他們其實有更深層的問題存在。

常識是，如果你得站在屋頂上不斷對別人大喊自己有多棒，那麼或許你其實並沒有你希望別人以為的那樣有自信。舉例來說，就在 2018 年初川普總統發推文說他是個「心理穩定的天才」之後，記者丹・拉瑟（Dan Rather）發推文說：「親愛的總統先生，好的經驗法則是，如果你真的是這樣的人，就算你不說，別人也知道。」確實，很多時候自戀的背後隱藏著不安全感，這一點也有許多研究可以證明。有些專家將之區分為「脆弱的自戀」以及所謂「誇大的自戀」，後者缺乏前者內在的脆弱性，但這種說法仍有爭議。

來看一個設計很巧妙的實驗，過程中，志願者在看到

不同類別的詞彙時，要按下特定的電腦按鍵。各組中的自戀者在看到與自我相關（像是我／自己），以及有負面涵義（像是痛苦和死亡）的詞彙時，按鍵的反應會特別快。這種快速回應顯示了自我及負面事物與自戀者的心智有所關連；換句話說，他們似乎有種潛意識的自我厭惡感。

神經科學也支持這樣的解釋。研究人員在高度自戀的男性看著自己的照片時掃描他們的大腦，他們發現，跟非自戀者不同，自戀者所呈現出的神經活動模式與負面情緒而非愉悅的感受相關。在另一項研究中則呈現出自戀者有多麼依賴社會的認同，研究人員讓一群在自戀問卷上得到高分的青少年以為，他們在一場電玩遊戲中被其他的玩家拒絕了。這些自戀的青少年說他們根本不在乎，但對他們同時進行的大腦掃描卻顯示，他們的大腦在被認為與痛苦情緒有關連的區域出現了高度的活動，而且比被拒絕的非自戀青少年的大腦活動更加劇烈。

這些都顯示出自戀者或許可以大放厥詞，但在他們的虛張聲勢背後，他們承受著匱乏與自我懷疑的痛苦。這種脆弱的虛榮或許也可以解釋，為什麼川普在 2018 年的體檢之後，據說他的體重距離正式宣告肥胖只差了一磅。電影導演詹姆斯‧岡恩（James Gunn）帶頭為質疑的人發起了指控，也就是 #girthers movement，表示如果川普願意公開站上體重計，他們就捐十萬元美金給川普指定的慈善團體。

理所當然，證據顯示，這種處世之道是要付出代價的。

一項追蹤受試者六個月的研究發現，他們之中的自戀者會遭遇更多壓力爆表的事件，像是感情問題和健康問題。而讓問題更糟糕的是，自戀的人會對壓力產生更強烈的生理反應，這也與他們雖然很會吹牛皮，但其實他們臉皮很薄而且內心又很脆弱的說法一致。

看著川普成為美國總統躍上世界舞台，可能很難相信以上的敘述可以套用在他身上，但看看根據他的自傳作者哈利・赫特（Harry Hurt）所說，川普早期曾談過自殺一事，當時他還比較願意面對他的自我懷疑。而另外一位前白宮副幕僚長談到川普時則說：「他骨子裡就是個非常、極度需要別人喜歡的人……所有事情對他來說都要經過一番痛苦的掙扎。」或許政治專欄作家馬修・德安科納（Matthew d'Ancona）對川普脆弱的一面做了最好的總結，他說川普就像是個：「用雪花做成的人。」

長期自戀必須付出代價這個說法，也可以套用在其他政治領導人物身上。一項對美國直到喬治・布希（George W. Bush）為止的四十二位總統所進行的研究發現，自戀程度越高（根據專家的評量），就越有可能被指控在任內做出不道德的行為，又或者／以及會遭到彈劾。同樣地，有自戀執行長的商業公司也更有可能會發生法律訴訟，而當這樣的狀況發生時，官司纏訟的時間通常會更長，部分原因是自戀執行長的過度自信，以及他們不願意尋求專家的協助。

降低對自我虛假的愛

　　知道了自戀的人有這些缺點之後，你可以做哪些事來幫助你自己或其他人變得不那麼自戀呢？好消息是，自戀特質大多會在成年後不久到邁入中年之間自然消退。若要在更極端的狀況中採取更主動的方式，或許最重要的目標就是瞄準自戀者缺乏同理心這一點，因為這就是自戀者對他們的行為沒有罪惡感的原因，也是為什麼他們完全沒有想要道歉的意思。

　　幸運的是，初步證據顯示，自戀者並非沒有同理的能力。應該說，他們缺乏動機或是在當下產生同理心的能力。一項相關的研究評量了學生對一段影片的反應，影片中有一位名叫蘇珊的女性，描述著她遭到家暴的創傷經歷。就如同你所預期，在研究人員沒有介入的狀況下，他們發現，自戀的受試者對蘇珊沒有展現出任何同理心。他們說他們不在乎蘇珊發生了什麼事；在某種程度上她會發生這種事也是自找的；而在生理層面上，他們看到她的痛苦時心跳速度也沒有任何變化。

　　關鍵是，研究人員在看影片之前給了其中一些學生具體的指示，鼓勵他們試著去同理蘇珊：「想像蘇珊有什麼感覺。試著站在影片中她的立場來想，想像她對發生的一切有什麼感受。」這些自戀的學生在之後報告說，他們覺得自己對蘇珊比較有一般人的同理心了，而且他們對她的

痛苦也出現了生理上的反應（跟非自戀者的反應相同）。
「雖然看起來這些自戀者的低同理心相對於一般人是自動
的反應，同時也如此反應在生理層面上，」研究人員的結
論是，「但他們還是有改變的潛力。」

　　當你得去面對自己生活中的自戀者（又或者你自己有
自戀的傾向）時，這個結論還頗令人振奮，因為一切還有
希望。藉由鼓勵自戀者站在他人的角度來思考，我們可以
幫助降低他們的自私程度。你也可以試著鼓勵你所認識的
自戀者嘗試去做我在第五章中所列出的活動，藉此增加他
們的隨和性特質，像是閱讀更多文學小說，或是去做正念
冥想，兩者都能夠幫助提升同理心。

　　另一個相關的方式是提醒自戀者他們的社會歸屬感及
社會義務——他們並不是自己一個人獨自在運轉，而是一
個大群體的一部分，無論這個群體是他們的家人和朋友，
或是工作上的團隊。心理學家稱此為「共有焦點」，這是
一種心態，能夠藉由詢問這類的問題來觸發：「你跟朋友
和家人有哪些共同點？」以及「你的朋友和家人期望你
在未來做什麼？」採取這種共有心態能夠幫助減輕自戀的
傾向，增加對他人痛苦的同理心，並讓人對追逐名氣或個
人榮耀的興趣降低一些。鼓勵自戀者採取這種共有思考方
式，或許也能夠幫助降低他們對自己的癡迷，同時提升他
們的同理心。

　　要幫助減少自戀傾向的第二個目標就是，瞄準自戀者
根深蒂固的不安全感以及對他人認同的渴望。想降低他們

那種「看我、看我」的誇張賣弄，一個有效方式是，幫助療癒他們內心的脆弱——這可沒有那麼簡單。因為自戀者通常都很愛用這種浮誇的方式來展現自己，而我們最不想做的事就是助長他們這種明顯太愛自己的氣焰。

我自己也有過這方面的第一手經驗。我之前曾跟一個自戀的人共事，他對自己有太多不切實際的幻想，而且只要一有機會就會自我吹噓。他幾乎每一次跟人講話、寫的每一段文章，都在講他自己，也會講一些練習了很多遍的笑話和俏皮話來吸引大家的注意，獲得眾人的笑聲。一開始這些話聽起來非常隨性自然，但只要花一天的時間跟他相處，很快你就會發現他其實完全是照著劇本在演。我當下立即的反應和最想做的事情就是，挫一挫這種人的銳氣。但實際上我學到的是，稱讚這傢伙，並且讓他很清楚知道我認同他的成就，這麼做能夠幫助他降低自戀的傾向，也能緩和我們之間的關係。

你是心理變態嗎？

要應付自戀的人很累也很不容易，但自戀只是所謂的暗黑人格特質三合會之一而已。比自戀者還要更麻煩的就是分數更高的心理變態者。這群人血管中流動的是冰，而在更糟的狀況下，他們會是所有人的噩夢。儘管如此，或許我們還是可以從他們的處世方法中學到一些教訓。

魯瑞克．賈丁（Rurik Jutting）可說是含著金湯匙出生。他在英國薩里郡一個綠意盎然的村落中一幢有如童話般的農舍木屋裡長大。他唸的是貴族私人學校溫徹斯特學院，一位當年的朋友記得他「就跟一般人一樣正常。他〔賈丁〕很有幽默感——他非常機敏、非常聰明，而且觀察力很強。」接著他前往劍橋大學研讀歷史學，並成為劍橋划船隊隊員，同時也擔任歷史學會的祕書。

從劍橋大學畢業後，賈丁展開了飛黃騰達的金融事業，他成為香港美林證券的銀行業高手，年薪 70 萬美金上下。2014 年 10 月，在他香港的高級公寓裡，因吸食古柯鹼而高漲的狂亂之下，賈丁凶殘地虐待、強姦並殺害了兩名年輕的印尼女子。魯瑞克的判決在 2016 年出爐，香港法官形容他是「虐待狂和心理變態」，而他也警告英國當局（因為賈丁的辯護團隊希望能把他送回英國去服刑），千萬不要被他營造出來的「表面魅力」給騙了。

心理變態的標誌就是，他們外表看起來能力優異，氣質迷人。就如同心理學家凱文．達頓（Kevin Dutton）在《異類的天賦：天才、瘋子和內向人格的成功密碼》（The Wisdom of Psychopaths）一書中所寫的：「如果要說心理變態有什麼共通點，那就是他們可以把自己偽裝成跟我們每天所見到的普通人一樣，而在那經過裝飾的外表——既殘酷又聰明的偽裝——之下，跳動著的是一顆跟冰箱一樣冷的心，是個殘暴無情，有如冰山一般的掠奪者。」也因為如此，精神病領域的先鋒之一，赫維．克萊克利（Hervey

Cleckley），將他於 1941 年出版，討論心理變態的書命名
為：《理智的面具》（The Mask of Sanity）。

這層偽裝正常的面紗，再加上外在的自信，是認識賈
丁的人在他犯下這樁恐怖罪行之前就眾所周知的事。一位
他大學時代的朋友形容他「絕頂聰明……非常有吸引力」，
帶有「一種很克制的鎮定自若和某種低調的沾沾自喜，有
種『高人一等』的氛圍，但感覺稍微有點破綻。」

除了這種表面的魅力之外，心理變態也與心理學家所
提出的三種特徵有關，分別被稱為「自我中心的衝動」（作
弊、說謊，而且總是很自私又很浮躁）、「無懼統治」（極
度自信且熱愛危險和冒險，同時也不會有焦慮感），以及
「冷血」（缺乏感情）。

與這些關鍵人格特質一致，研究認為，心理變態者會
特別受到獎勵的吸引（這個極端形式的外向性也符合賈丁
喝酒、吸毒、玩女人的花花公子生活方式）。他們同時也
擁有超凡的冷靜和超低的焦慮感，包括缺乏相關的情緒，
像是羞恥和罪惡感；換句話說，他們的情緒不穩定性極
低，這也就是為什麼像賈丁這樣的人，通常都能在像是股
票交易這類高壓環境中表現得出類拔萃。而儘管心理變態
者通常都能完全讀懂他人的情緒，但他們似乎感覺不到他
人的恐懼或痛苦。就如達頓所說：「他們能聽見音樂裡的
文字，卻聽不出音樂裡的情感。」

所有這些也都顯現在神經層面上：心理變態者的大腦
在看到他人痛苦時，實際會出現的反應較少。他們的杏

仁核也較一般人的小；杏仁核是大腦中與恐懼情緒相關的一對組織。以心理學的術語來說，心理變態者能有「認知同理心」（他們有能力以他人的觀點來看事情），但他們缺少「情感同理心」（這與自閉症的人完全相反，自閉症患者能感受他人的情緒，但通常無法以他人的觀點來看事情。）

賈丁這個充滿魅力、生活放蕩的虐待狂殺人犯，非常符合我們想像心理變態者時會出現的好萊塢刻板印象（像是連續殺人魔德克斯特或是漢尼拔·萊克特）。在現實生活中，這種病理上的心理變態罪犯其實很少。不過，有趣而且某種程度上也讓人覺得不安的是，心理學家開始瞭解到，心理變態人格側寫的某些面向會出現在許多人身上，只是少了暴力和犯罪的成分。這些「成功的心理變態者」（另一種說法是「高功能型」或「無臨床症狀」的心理變態）也具有同樣的魅力、冰霜般的冷靜，以及冷酷無情的決心。他們同樣也有極高度的自我控制力和紀律，而且通常不會有肢體上的侵略性。用科學的術語來說，他們通常在無懼統治這一項目的分數上高得嚇人，但在自我中心的衝動這一項上的分數卻很低，或是很正常。舉個很好的虛構人物為例，1987 年電影《華爾街》中那位說出至理名言「貪心是好事」的冷酷金融家高登·蓋科。

那你呢？你是不是一個為了超前部署而閱讀此書的心理變態者呢？或許你曾在網路上看過一個所謂的心理變態測驗，內容大概是這樣：一個女人在她母親的喪禮上愛上

了一位她之前從來沒有見過的男性。喪禮結束後，她完全
無從得知這位男子的下落。不久之後，這個女人殺害了她
的姊妹。為什麼？

　　如果你的答案是：她這麼做是為了引誘這個男子再來
參加她們家族的另一場喪禮，那麼根據網路的說法，你就
是個心理變態者，因為你展現了冷酷無情的機巧。不過專
家實際在真正的心理變態罪犯身上進行測試時，他們的答
案並非如此。跟許多一般人一樣，絕大多數的心理變態者
都說，原因一定是兩姊妹之間陷入了愛情糾葛。所以說，
這個測驗其實不過是個有趣的謎題。

　　其他更實際顯示你或你所認識的人是心理變態者的徵
兆包括了，喜歡嘲笑他人的不幸，並以此來操弄他們。比
較沒那麼明顯的是，心理變態者其實也很喜歡別人嘲笑他
們。事實上，這也是形成他們那種表面魅力的一部分。想
像一位超級自信的辦公室主管講了幾個自嘲的笑話，很快
地，整個辦公室的職員就都被他玩弄於股掌之間了。

　　根據《Scientific American Mind》雜誌對近四千名讀
者所進行的一項人格與職業調查顯示，心理變態人格傾向
較高的人，多半會擔任領導人物的角色，以及從事危險
性較高的職業；政治立場較為保守；為無神論者；而且比
較多會居住在歐洲而不是美國（不是很清楚為什麼會是如
此）。如果你有上過大學（或是你現在正在讀大學），從
你所選擇的主修科目也可以看出端倪：很顯然地，主修商
業和經濟學的學生，在心理變態特質項目上的分數，會比

主修心理學的學生要高。

　　想更可靠地評量出你整體人格上的心理變態傾向，最好還是做個簡短的測驗。以下這個測驗是依據真實的心理變態問卷所改編。盡可能誠實地評量你對每一句陳述的同意程度，從 1 非常不同意，到 5 非常同意。如果你既沒有不同意，也沒有同意的話，就寫 3：

我喜歡報復當權者　　　　　　　　　　　　　　　　＿＿＿

我深受危險情況的吸引　　　　　　　　　　　　　　＿＿＿

回報一定要又快又肥美　　　　　　　　　　　　　　＿＿＿

大家常說我很不受控　　　　　　　　　　　　　　　＿＿＿

我是真的可以用很惡劣的方式對待別人　　　　　　　＿＿＿

跟我作對的人一定會後悔　　　　　　　　　　　　　＿＿＿

我對法紀這東西很有意見　　　　　　　　　　　　　＿＿＿

我喜歡跟完全不熟的人發生性關係　　　　　　　　　＿＿＿

只要能達到目的，我什麼話都說得出來　　　　　　　＿＿＿

　　把你每一項的分數加總起來除以 9，你有多心理變態呢？跟自戀的測驗一樣，你可以把你的結果跟數百名大學生的結果相比，以他們的平均分數做為一般正常的結果。這裡的平均分數是 2.4。同樣地，稍微超過或低於這個數字一些都是正常，但如果你的分數高於 3.4，那麼你大概就有比較高的心理變態傾向。而如果你的分數超過 4.4，我絕對不會想惹你不開心！

　　不過，或許比你的整體分數更重要的是，你是否展現

出高度的無懼統治特質——成功的心理變態者會展現的特質。為了讓你更瞭解，這裡有一些從另外一個測驗中擷取，特別與無懼統治相關的陳述：我掌握一切；我尋求冒險；我在壓力下仍能保持冷靜；我熱愛刺激。如果以上陳述你全部同意，那可能就代表了你具有成功心理變態者的素質！然而，如果你只同意以上陳述中的某幾句，那就顯示出你有自我中心的衝動，而這也是與犯罪和侵略性有關聯的心理變態面向：我熱愛精彩的打鬥；我不惜作弊也要贏；我破壞規則；我不會先想好再行動。如果你完全同意以上所述，那麼或許你現在是在監獄的圖書館裡讀這本書吧。

希望這不用說大家也都明白，心理變態者的侵略性和犯罪特質，對他們自身以及整個社會來說都是壞事。但無懼統治和冷血這兩個心理變態特質又該怎麼說呢？如果你跟我一樣，人格特質落在更靠近膽怯的那一端，那麼我們是否能從世界上所有成功的心理變態者身上學到一些什麼呢？

成功的心理變態者給我們的課題

擁有正確的心理變態特質看起來似乎絕對能夠幫助某些人的生活，當然，這一切端看你如何評量所謂的成功。一項值得注意的研究比較了 39 位英國的資深管理階層人士和執行長，以及數百名被關押在英國伯克郡博德穆爾高

度安全戒備精神醫院的犯罪型心理變態受刑人（之前也是約克郡開膛手等罪犯曾住過的地方）。令人難以置信的是，這些執行長們在表面魅力和操弄能力這些項目上的分數，都比心理變態罪犯要高，而他們與罪犯相同的地方是兩者都缺乏同理心，但關鍵的一點是，他們在衝動和侵略性上的分數都較低。

這並不是什麼嚇人的結果。在美國，心理學家從一個管理能力開發課程中，取得了超過兩百位企業專業人士的心理變態特質分數。與英國的研究結果一致，比起一般人，管理者的心理變態分數較高，而他們的分數越高，他們在魅力和簡報技巧方面的評價也就越好（雖然他們在團隊合作與實際表現方面的分數都比較差）。據紐約心理學家保羅・巴比亞克（Paul Babiak）對《衛報》所說，25 個商業領袖之中就有一個是心理變態者。

有些專家甚至宣稱，美國最成功的幾位總統，都至少有一點心理變態的傾向。一位在成功心理變態者研究領域居先驅地位的研究人員，已故的埃默里大學教授史考特・里林菲爾德（Scott Lilienfeld），請歷史傳記作家協助，對直到喬治・布希為止並包括他在內的所有美國總統進行人格評量，並將評量結果與這些總統任內的歷史評價相比較。同樣地，無懼統治依然是關鍵所在。在這個評量項目分數高的總統（前四名分別是希奧鐸・羅斯福、約翰・甘迺迪、法蘭克林・羅斯福，以及羅納德・雷根；最低分的則是威廉・塔福特）同樣也被認為是在任時最有影響力的

總統，無論是他們的聲望、選舉結果，以及任內所通過的法案皆然。

除了資深領導人物之外，成功的心理變態者同樣也更有可能從事競爭激烈、高風險的職業。這些包括了財務金融，但也包括了軍事特種部隊、緊急醫療救護、極限運動，甚至是外科手術。「毫無疑問，這個社會絕對有心理變態者可以發揮的地方。」達頓如此說道。

事實上，一份近期由皇家外科學院所發表的論文，其標題就是：「壓力爆表的工作：外科醫生是心理變態嗎？」而答案是肯定的。將近兩百位醫師填寫了心理變態問卷，雖然他們並非在所有心理變態的項目上分數都很高，但在某些特質上還是比一般人高，像是對壓力免疫，以及無所畏懼，而外科醫師則是其中分數最高的一群人。而這也與一位神經外科醫師在《異類的天賦》對達頓所說的不謀而合：「沒錯，當你在刷手準備進行一場艱難的手術時，你真的會感覺到全身被一陣戰慄感貫穿。」

所以，為什麼會有那麼多心理變態者，或至少有心理變態傾向的人位處領導階層或從事像外科醫師這樣的高薪工作呢？心理變態者的外向性極高，同時會受到獎賞的驅動，而且對恐懼免疫。他們甚至會對刺激物質產生高強度的反應，舉例來說，他們在服用「速度」（安非他命的俗稱）時，大腦會釋放出比非心理變態者多4倍的多巴胺（大腦中一種與預期和體驗獎賞有關的化學物質），而當他們預期自己可以獲得現金獎賞時，大腦也會出現同樣的強烈

反應。但這些高功能、非罪犯型心理變態者之所以能成功，最重要的原因似乎是，他們具備了在需要的時候關閉自身恐懼和焦慮的能力，無論是在為心臟外科手術操刀、衝進失火的房屋拯救受困者、進行數百萬美金的金融交易，或是潛入敵營進行突襲攻擊。

你要如何從這些心理變態者的行事作風中學習，卻又不涉入黑暗的那一面呢？長期來看，用五大人格特質的術語來說的話，答案就是要極盡可能地降低你的情緒不穩定性特質，同時將你的外向性特質增強至極限。

誠實地回顧你自己的人生。假設你不是心理變態者，那麼很可能你曾因為害怕自己無法戰勝挑戰或甚至會讓自己丟臉難堪，而錯過了許多機會。也許是你曾受邀對公司的同事演講，或是上司曾給你升職的機會，但你選擇打安全牌，拒絕了這些機會。在你的私生活中，或許你曾花了好幾天或好幾週的時間，在腦子裡預演要如何邀你的同事或朋友去約會，但到了最後，你卻從來沒有真的鼓起勇氣這麼做。這些都是釋放你內在的心理變態特質可以對你有所幫助的時機和場合。

想要這麼做有個方法，就如我在之前也曾提到，那就是重新定義那些充滿壓力、引發焦慮的情境，將之視為興奮的刺激。把身體的腎上腺素激增解讀為一種衝勁，而非恐懼，這能夠對你的表現有所幫助。這對心理變態者來說再自然不過，而你可以訓練自己在需要的時候也能使用同樣的方法。

　再更進一步，另一個很有幫助的策略是採取一種心理學家所謂的挑戰心態，而不是威脅心態。身為非心理變態者，你之所以會有威脅心態是因為你認為自己的能力與任務所要求的不符，於是你的恐懼開始失控。你害怕自己會失敗因而讓自己丟臉難堪，所以最自然的反應就是逃避。

　相反地，擁有挑戰心態則是來自於你相信自己的能力（提醒自己你所做過的各種練習和訓練也會有幫助；如果你還沒有練習過，為了下一次挑戰，現在就趕快開始）；專注在那些你可以掌控的部分（預演也會有幫助，就如同在面對挑戰之前先制定程序和例行事項——想想傑出運動員和他們的賽前例行公事）；不要把任務看成是考驗，而是一個可以學習的機會，無論結果如何。簡單地說，專注在你從嘗試中可以獲得的事物上，而不是你可能會失敗，即便你可以期待的最好狀況是這是一次學習的體驗。做看看，或許你不會覺得全身被戰慄感貫穿（跟那位與達頓談話的外科醫師一樣），但你會更懂得如何將你的焦慮轉變成你的優勢，也更可能在機會到來時好好掌握住它們，而不是將之拱手讓給辦公室裡的那些心理變態者，或是讓那些自大的浪蕩男子搶走你的約會對象。

　更重要的是，如果你採取了挑戰（而非威脅）心態，這麼做也會激勵你去練習，或是進行研究，或是無論任何你要達到成功所需要做的事。近期一項針對將近兩百名員工所進行的研究也證實了這一點。那些將要面對眼前挑戰的人通常會努力提高自己的表現，並研擬有建設性的步

驟來因應，像是按照優先順序來安排他們的時間並尋求支援，但這只有在他們擁有研究人員所謂的「正向壓力心態」時才會出現。而那些擁有負向壓力心態的人會把這充滿挑戰的一天看作是種威脅，然後把頭埋進沙子裡當作沒看見。

　　成功的心理變態者所擁有的另一個相關優勢就是他們能活在當下，並能夠把握每一天。當你正在猶豫是否該應徵那份工作，或是對那幢正在出售的房子出價時，那些成功的心理變態者早就已經把他們的履歷寄出去，或是打電話給房屋仲介了，驅動他們的是獲得獎賞的機會，完全不擔心會有什麼風險。

　　簡單地說，心理變態者從不拖延。你可以透過瞭解拖延心理來解決問題：我們經常決定不去做某件事，即使我們認為應該要去做，這不是因為糟糕的時間管理問題，而是因為主動逃避，之所以會如此，是因為去做這件事會讓我們產生不適的恐懼感以及負面的情緒（或至少想到要做這件事就會觸發這些感覺，而且通常毫無道理可言）。

　　因此，成功避免拖延的方法就是處理你的恐懼，或是完全把情緒排除在外。在做重大決定前把好處和壞處都寫下來，如果有需要，可以請朋友或家人給你意見。現在，你已經決定好自己應該向前邁進，不要再去預測事情會如何發展，單純專注在下一步你應該採取什麼行動就好。接著就去做。把你的履歷寄出去。拿起你的電話打給仲介。

引導心理變態者邁向光明

依據你的人生目標，生活中一定有些可以借用心理變態者的策略來幫助你面對的時刻和情境，像是在工作上那些咄咄逼人、無所畏懼的成功心理變態者競爭，或是不得不面對那些既自私又難搞的親戚時。但就跟自戀一樣，我不建議你把自己出賣給黑暗的那一面！

別忘了，心理變態與缺乏感受有關，而感受是讓我們之所以為人的根本所在。人生的意義來自於關心除了享樂和自我滿足以外的其他事情。或許人生的意義多半來自於你是否擁有充滿愛的人際關係。關心他人可能會讓你受到牽絆，但如果你成功地把自己變成一個冷血的機器，那樣的人生又有什麼意義？

就算事業成就對你來說就是人生最重要的事，千萬不要忘了，證據顯示，在心理變態的老闆手下工作的員工苦不堪言，而長期下來，由心理變態者所領導的公司企業也會以失敗收場。這是因為有效的領導力需要的不僅只是勇於冒險而已。理解和同理心跟許多其他要素一樣重要，特別是能幫助有才華的員工成長，並協助消除妨礙他們成就的障礙。

一般來說，而且也完全不令人意外的是，心理變態者死於暴力的機會也更高。當然，他們也比一般人更容易讓自己陷入違法的境地。

　　所以，你可以如何幫助其他人（或是你自己）變得不那麼心理變態呢？一個方法是，不要去改變他們的特質，而是要引導他們變得更有建設性。相同的心理特質可以是自私野心的動力，也可以是英雄行為的動力。傑洛米・強森（Jeremy Johnson）這位以猶他州為活動據點的前網路行銷大亨，不但因賭博輸掉大把鈔票，更趁勢壓榨弱勢族群，並在 2016 年因銀行詐欺案被判刑 11 年。法官跟強森說：「這椿詐騙案的根源就是你的自以為是，以及你渴望隨心所欲地做你想做的事所造成。」但強森不僅僅是賺進了數百萬美金，他在當地也因為各種大膽的救援行動而成為英雄，其中包括了他在 2010 年開著自己的飛機去海地援助地震災民。一位認識了他一輩子的朋友描述他是「我所認識的人當中最接近耶穌基督的那一個」。

　　強森並沒有那麼特別。一項研究發現，人們的心理變態程度高低與日常英勇行為之間其實有所關聯，像是會去幫助身體不適的陌生人，或是會去追逐在街頭行騙的壞蛋。所以，幫助具有心理變態人格者一個很重要的方式是，盡可能引導他們去從事那些有機會能最大化英雄行為的工作，並讓他們遠離會摧毀他們的犯罪誘惑。

　　除了嘗試引導心理變態者邁向光明之外，是不是還有其他什麼方法可以矯正或降低某人的心理變態特質，或是確保他們能維持成功型而非犯罪型的心理變態人格呢？近期美國研究人員藉由聚焦於心理變態者所呈現出的不正常心理歷程，找到了一線希望。這個方法的前提是，心理

變態者能夠體驗到負面情緒，包括後悔的情緒；當他們像平常那樣不計代價去追求目標時，其實他們只是不會去考慮之後可能會有的後悔感受。進行認知補救訓練需要幾週的時間，過程中得不斷重複提醒他們專注在他人的情緒上，這麼做能夠幫助心理變態者將更多注意力放在他們正在做的事情的後果上，而不是只關心他們主要的目標；舉例來說，想像一個心理變態者一心一意只為牟取私利而去誘騙某人，完全忽略事後受害人會有的情緒感受。

「他們並非冷血無情，他們只是多工作業（multit-asking）的能力很差而已。」負責這項研究的科學家，耶魯大學的艾芮兒·巴斯金—桑莫斯（Arielle Baskin-Sommers）如此說道。「所以我們需要想想如何調整心理變態者的心智，好幫助他們注意到更多周遭環境的資訊，並善加利用他們的情緒體驗。這個方法的實驗性質很高，但與本書的關鍵訊息一致：你的人格有一部分來自於你的思考習慣，而藉由改變這些習慣，你就能改變你的人格特質，以及眼前的這個你。

改變人格的十個可行步驟

降低情緒 不穩定性	● 許多長期擔憂的人會發展出一種不健康的完美主義者傾向，他們認為在所有問題都解決之前，他們都無法停止擔心，而這顯然是不可能的事。當你發現自己的憂慮已經無法控制，試看看這個停止思考的技巧：想像一個停止的標誌，或單純就是告訴自己，現在你已經擔心夠了，可以停下來了。 ● 練習不要那麼認真地看待自己那些充滿批判性的負面思想。每個人都會有這些想法，但這些想法並不是神的福音，你不必讓它們把你拖下水。有個練習可以幫助你這麼做，那就是心智巴士技巧。想像你的思緒就像是一群在校車上亂成一團的小孩，想像他們發出愚蠢的聲音。他們可能有點擾人，也可能有點好笑，但身為司機的你不會因此把車停下來，你還是會繼續前往你要去的地方。
增加 外向性	● 考慮自己養隻狗，或是自願定期幫忙朋友或鄰居去遛狗。養狗的人會比一般人有更多隨機的社交往來，因為他們很常會巧遇其他狗主人，並簡單聊上幾句。 ● 下一次你去參加派對或是交流活動時，與其到時找個角落躲起來，為了要與哪些客人交談而煩惱不已，不如事先為自己設定好一些簡單、有趣且具體的目標，像是問出兩位新朋友的姓名和職業為何。把活動當作是個偵探遊戲而不是社交聚會，這麼做能夠幫助你把注意力從自己身上轉移，並讓你在最後獲得成就感。你越常這麼做，就會越習慣。
增加 責任心	● 無論是要準備考試、去健身房鍛鍊，或是把家裡整理乾淨都好，把各種你覺得需要發揮自我紀律的苦差事跟有趣的元素結合起來，讓它們立刻能夠為你帶來獎賞──舉例來說，在做這些事情的時候聽你最喜歡的音樂或播客節目。也可以考慮仔細紀錄你的進展，為自己規劃各種獎勵方式，當你達到關鍵里程碑時就可以獲得獎賞。 ● 花時間好好思考你最重要的價值觀和目標為何。當前的你是否有把你的精力放在正確的地方呢？如果沒有，現在可能是時候改變方向了。如果你追求的是與你的價值觀有所共鳴的目標，那麼要保有自我紀律和決心就容易得多了。

改變人格的十個可行步驟（續）

增加 親和性	● 如果你友善地對待自己，你會發現要將溫暖和信任傳遞到別人身上是件很容易的事。有許多自我同情的練習可以做，其中一個是，寫封信給你自己，把它當作是來自於一位很支持你、對你充滿同情心的朋友。 ● 讀更多文學小說。這與提高同理心有關，因為閱讀能讓我們練習從不同人物的觀點來看事情。
增加 開放性	● 試著去學習一種新語言。讓自己沉浸在不同的文化中（如果你正在學習該文化所使用的語言，一切就會更容易了）這將會帶給你一個全新的世界。 ● 去尋找極致頂峰的體驗。最顯而易見的就是去爬山，但並不一定要這麼劇烈才能達到目的。你也可以事前規劃讓自己騰出時間去看下一次的落日、在附近的樹林裡散步，或是去藝廊參觀。你的目標是要體驗到與世界合而為一的感受，並在過程中感覺到自己的心態變得開放。

Chapter 8

重新打造人格
的十個原則

在本書中我詳細說明了各種持續形塑你人格的影響，包括生活中的許多高低起伏。我也讓你看見你如何能在自己的能力範圍內，對這樣的可塑性至少有某種程度的掌控，包括了各式各樣能讓你朝希望的方向改變你部分或所有人格特質的練習和活動，只要你想要，就能做到。我也談到了想要成功刻意地改變人格，背後有哪些基本原則。

讓人格重生的十條規則

1	改變若是為了更遠大的目標，成功機率就會更高
2	除非你能誠實評估自己，否則你無法成功改變
3	真正的改變從行動開始
4	開始改變很簡單，堅持下去卻不容易
5	改變是個持續進行的過程，你需要紀錄自己的進度
6	對於能有多少改變，你必須抱持務實的態度
7	在別人的幫助之下，你會更容易成功
8	生活中一定會出現阻礙。你可以做的是先預期，並順其自然
9	善待自己而不要嚴苛地責怪自己，這樣改變才能長久持續
10	相信人格改變的潛力及持續性，這是你該抱持的生活哲學

在最後這一個單元中，我會更深入探討之前提到的建議，列出十個你應牢記在心的關鍵原則，無論何時你遭遇到問題，都可以再回頭去審視，幫助你成功最佳化你的人格，成為最棒的你。在繼續往下閱讀之前，或許現在是個重新再做一次第一個單元中的人格特質測驗的好時機，看看你的特質分數是否有變化，如果有，是否是朝你所希望

的方向改變。你也可以考慮做另一個短文寫作練習（請見第二單元），看看你對反思事情的基調是否變得更正向。如果到目前為止你還沒有任何進展，也不要覺得失望。這十條規則能提供你更多成功的思考方式。

規則一：改變若是為了更遠大的目標，成功機率就會更高

　　調查顯示，絕大多數人都希望自己的人格有在某些方面有所不同。通常這都只是種很模糊隱約的感覺，認為改變可能會自己活得更快樂、在工作上更成功，或是擁有更令人滿足的人際關係。刻意增加你的外向性、責任心、開放性、隨和性和情緒穩定性（或是只增加其中的一種），都能幫助你展開更健康、夠快樂的人生。然而，如果你希望能有更持久且更徹底的人格改變，設定一個較遠大的目標或是身分認同，會比較容易達成。

　　研究顯示，個人價值觀（你人生中最重要的是什麼）的改變，通常會優先於人格的改變，而不是反過來。成為父親、打擊貧窮、分享你對藝術的愛、改善你所居住的城鎮、擔任海外志工，或學習新技能：無論我們如何稱呼這些動機強烈的推力（心理學家有各種不同的稱呼方式，像是「個人計畫」、「更高旨意的召喚」，或「最重要的事」。）如果你是為了自身的熱情所在，或是當下的人生

目標與價值觀而尋求刻意的人格改變,這樣的改變會更容易成功,感覺也會更加真實。

我在本書中分享了許多啟發人心的改變故事,這些人在找到重要的新身分或人生使命之後,開始努力改善自己──透過自我教育、培養發展新的人際關係、嗜好和習慣──為了那些更遠大的目標。而這麼做也帶給他們一種自我延續的效果,而去實踐這樣的使命和社會角色,更進一步地以有益的方式為你的人格帶來了深刻的變化,同時也更能善加利用你原始人格的力量。

如果目前的你沒有什麼特別熱愛的事情或使命,那麼在問你自己:「我想要或需要如何改變我的人格?」之前,先問問自己:「對我來說重要的是什麼?」或「我想要成為什麼樣的人?」可能會對你更有好處和效果。當然這個答案在你人生的不同時期必定會有所不同,所以這是個值得一問再問的題目。舉例來說,你可能多年來都是個全心為孩子付出的父母,並將之視為你存在的理由,但等到你的孩子長大成人離開家後,你或許會感到自己的人生空了一個洞,並想尋找新的目標。

無論你現在在人生的哪個階段,舒舒服服地坐在沙發上再怎麼努力去思考這個問題,可能都無法找到答案。你需要站起來走出去,透過各種嘗試才能發現什麼能夠點燃你內在的火花。那不太可能會是你所嘗試的第一件事,而即便你真的找到了你的天職(能激發你持久的喜愛和意義的事物),你可能一開始也不會察覺。熱情通常需要花點

時間才能被點燃。

　　一但你找到了天職所在，這就是時候問問你自己：「我要如何開發我的人格，讓它更符合這個挑戰的需求，或是讓自己更能依據這樣的價值觀而活？」別忘了要牢記在心，你為了追求這份天職所做出的任何人格改變，都更有可能完全融入成為你這個人的意識之中，感覺起來也更加真實且持久。

> **關鍵重點：**
>
> 　　找到你在人生中的天職，或重新思考對你來說最重要的個人價值觀為何。這能夠為你打好基礎，找到有意義且真實的人格改變。

規則二：除非你能誠實評估自己，否則你無法成功改變

　　如果你對工作或人際關係感到痛苦，你可能會很想要減輕自己對此該負的責任，並將一切怪罪到環境和其他人身上。然而，如果你很誠實地去看，通常你至少都要會此負起部分的責任──有可能是因為你那些不太有幫助的特質對各種狀況帶來重蹈覆轍的模式，或許是懶惰、心情起伏，或是過於武斷。想改善這些不太有幫助的特質，第一步就是要先承認並接受你必須處理它們（但不要對太過嚴厲地

自我批判或感到灰心喪志，請見 P.279 的規則九）。

　　然而，要真正誠實地面對鏡子裡的那個人，說起來比做起來容易。用奉承的眼光來撫慰我們的自我，這是人類天性的一部分。我們絕大多數人——或許除了極端憂鬱和高度神經質的人之外——都高估了自己的能力和知識。

　　這種普遍的自私偏見可以幫助維持你的自尊和樂觀，所以應該要小心處理，不要斷然排除。但如果它讓你無法對自己進行誠實的評估，那就很可能會對有效的人格改變造成阻礙。克服這個問題的一種方法是，盡可能誠實地回答本書中的人格測驗（或其他你在網路上做的測驗）。這麼做能夠幫助你認清你的人格中有哪些地方可以在經過開發調整之後，成為你的優勢。

　　然而，儘管你夠勇敢願意用未經美化的觀點來看待自己的人格，還是很有可能有些關於你自己的事情是你自己不知道的，或說至少是別人從你身上看到，但你自己卻完全沒發現的地方——也可以說是盲點。

　　這在那些要求受試者評量自己人格的研究中也是如此顯示，受試者評量他們認為其他人是如何看待他們的人格，然後再把結果與親近友人及家人實際上所做的評量相互比較。研究結果發現，儘管你對自己的評價有很多地方與其他人對你的評價相同，但通常都會出現一些很重要的盲點——其他人都同意他們在你身上看到的（像是你在早上會很暴躁、你很風趣詼諧，或是你太想要討好他人，或其他的無論什麼），但你自己卻完全不知道。

　　在探索這些潛在的盲點時要謹慎小心，特別是如果你感到脆弱，或在心理上比較纖細。這一系列的研究所要說明的是，如果你是認真想要改變自己的人格讓自己變得更好，那麼不要只看你對自己的人格評量，也請與你親近的好友、家人和同事來為你的人格特質評分，這會是個很好的做法。如果你能找到夠多的人，他們甚至可以用匿名的方式來進行評量，避免任何會踩到你地雷的潛在風險。

　　仔細挑選你詢問的人這一點很重要；你不會想要自己在這次的評量之後感到徹底的心灰意冷。那些心理學家塔莎・歐里希所謂的「有愛的批評者」，也就是那些打從心底希望你好的人，會是很好的選擇。有了他們對你人格的評量之後，你就能更清楚自己人格的那些地方會在調整之後變得更好。

　　如果你認真覺得自己很勇敢，你甚至可以直接進行歐里希在她那本傑出的著作《深度洞察力》中所描述的一個練習：「晚餐老實說」，你找一位喜歡你的批評者一起去吃晚餐，請對方描述她或他覺得你最讓人受不了的地方是什麼。

　　如果這聽起來風險有點太高，另外一個能得到對自己更深入覺察的方式是，你可以問自己「奇蹟問題」（如同奇普與丹・希斯在《Switch》一書中所描述）。今晚，在你上床睡覺前，想像一下你的人格出現了一個奇蹟般的改變——這個改變的效應會在未來如漣漪般擴散，並對你的生活和人際關係帶來各種好處。你會希望這個改變是什

麼？仔細去想這個改變的細節，以及它將如何實際顯現在你的生活中。你的生活會從你醒來的那一刻開始全然不同，若是如此，會變成什麼模樣？接下來，想想你要如何開始著手，將這個奇蹟變成現實。

> **關鍵重點：**
>
> 去瞭解你親近的朋友和家人（對你有愛的批評者）如何看待你的人格，這麼一來你就能更全面地看清現在的你是個什麼樣的人。

規則三：真正的改變從行動開始

想要改變人格的渴望來自你的大腦，但光靠內在的想望是不夠的。別忘了最簡單卻也最強大的教訓就是，除非你去做一些不同的事，否則絕對不會有任何改變。花 1 分鐘來想想，從你開始閱讀本書起，你做了哪些不同的事。

如果你還是遵循著同樣的日常例行公事、同樣的嗜好、同樣的同伴、同樣的習慣、同樣的工作、同樣的地區，那麼無論你內心有多麼渴望自己能變得更有責任心、心態更開放、更外向，或其他任何改變都沒有用，因為如果你的生活維持不變，而且你還是在做著跟平常一樣的事情，那麼你就還是同樣一個人。從你打破那些舊有行為模式的那一刻起，改變才會開始。如果你不知道該從哪裡開始，

問問你自己，想要開始改變所需踏出的第一步是什麼。然後就去做。如同威廉・詹姆斯所說：「從現在就開始做那個你之後想要成為的人。」

　　身為一個花許多時間獨處的作家，我很清楚這種生活模式大概會讓我變得更加內向。我已經花了好一段時間試著藉由用各種方法來培養我的外向性，來平衡這一點。我的意思並不是說內向是件壞事，但我有發覺到我的狀況已經讓我變得比原本的我更內向了。我所採取的一個步驟是，跟其他很多獨立工作者一樣，就是定期走出家裡的辦公室，找一間咖啡店工作。我已經這樣做好幾年了，通常都不禁感嘆，儘管我這麼努力走進這個世界，但這個世界卻讓我感覺不怎麼樣，也沒有給我什麼回報。當然，去咖啡店能夠讓我轉換另一種美好的風景，但老實說，在我點完咖啡之後，我很少會跟任何人說上話。另外一件我會做的事就是規律地上健身房，但我也總是帶著耳機把自己封閉起來。也就是說，我雖然身在公共場合，但其實我還是一個人。

　　今年初，我看了自己寫在本書中的建議，這才突然領悟到，除非我開始去做些不同的事，否則一切都不會改變。多年來，我例行前往咖啡店和健身房，我一直在做完全一樣的事，然後抱怨什麼都沒有改變，包括我自己的過度內向。

　　我需要開始有不同的行動。我開始在經常去工作的咖啡店所在的鄉村俱樂部裡每週上幾堂運動課，包括需要有

夥伴一起進行的拳擊類運動——換句話說,就是無可迴避的面對面社交。目前這還在實驗的早期階段,而且一開始不認識任何人的時候感覺不太舒服,但我可以跟你說,我的感覺和行動都已經有所不同了。現在看來這是個很微小的改變,但我覺得至少我已經踏出了我的殼,而這一切都是因為我發現,如果我想要改變,我得從做不同的事情開始。

有許多研究證實,以實際採取的新行動和習慣來幫助你達到希望的目標是很重要的事。在研究中,能成功達到心之所望的人格改變的受試者,大都遵循著特定且相關的行為步驟來達到改變的目的,其中包括採用很明確的「如果……那就……」的計畫,像是「如果我在X情況下,我就會做Y。」

另外一項近期研究顯示,一心希望能改變自己的人格但實際上卻什麼也沒有做,反而會對人有害。受試者以寫日記的方式來記錄他們希望自己能有的改變,無論實際上他們是否採取了任何建議的挑戰來促成這樣的改變發生。其中那些實際上真的去做了挑戰的人,會更接近他們自己所想要的改變;令人難過的事,那些沒有改變自身行為的人,儘管心裡想著自己非得要改變不行,實際上卻會離他們想要變成的模樣更加遙遠,這或許是因為他們內心感到挫敗所致。而這個研究也符合我個人的親身體驗:除非你準備好要做出不同的行動,否則改變勢必以失敗告終。

關鍵重點：

　　人格改變始於有所行動。你想要做些什麼不同的
事呢？

規則四：開始改變很簡單，難的是要能持續下去

　　每一天，尤其是每一年的開始，全世界都有成千上萬
的人許下新年願望，期許自己能變得更好。這樣的目標其
實相當值得稱讚。無論是想要瘦下來、戒菸成功、閱讀更
多書，甚至是改變自己的人格都很好，但顯而易見的事實
是，這些努力通常都因為大家很快就會回復到舊有的生活
習慣而逐漸停擺。

　　在他的著作《改變（暫譯）》（*Change*）中，傑佛瑞・
科特勒（Jeffrey Kottler）所引用的研究顯示，那些試圖想
改變像是賭博或暴飲暴食習慣的人，有90％都會失敗[6]。
他如此寫道：「比起長時間維持下去，在生活中起心動念
想要改變要簡單得多。」改變之所以如此難以持續，原因
有很大一部分在於你的想法和行為中有許多都是習慣使然
（請別忘了，你的人格特質在某種程度上可說是對造就你
成為你這個人的各種習慣所做出的整體描述）。如果我們
說某件事情是種習慣，意思也就是在說它是一種自動自發
且無需思考的行為。那是你在毫無意識干預之下思考、感

受和行動的方式。

　　當一位（處於低意識狀態的）癮君子在早餐時伸手去拿香菸時，那並不是他出於自身意願的行為；那只是種反射動作。當一位（高度外向的）社交高手走進一場滿是陌生人的派對時，她並沒有在內心告訴自己她要跟進去時第一個碰到的人說話；那只是一件她根本不用思考就直覺會去做的事。

　　想達成持續的人格改變就意味著你得顛覆一切，忘掉那些成就現在的你的各種習慣和例行公事，重新打造一套全新的方法。但這並不代表你必須就在一瞬間轉變成完全使用新的行動和思考方式來度過每分、每秒、每一天。改變人格的重點在於轉換你的行為傾向。這也意味著你必須非常努力地去養成你在各種情況下的新思維與行為習慣，直到它們成為你的第二天性──也就是變得既直覺又自然而然。

　　想讓你的新思考與行為方式變成習慣，持之以恆是關鍵所在。目前並沒有太多研究能說明新習慣是如何養成，但還是能稍微讓你瞭解持之以恆的重要性。一份 2010 年的研究找來一些想要養成某個新習慣的學生，請他們每天登入一個網站記錄他們是否有按照這個習慣來行事，以及這個新習慣感覺起來有多自然而然。這些新習慣包括了每天在晚餐前去跑步，或是午餐時要吃點水果（如果成功的話，這些努力能夠幫助增加人格面向中的盡責性）。雖然會因各種習慣而有所不同，但要讓某個新習慣的羽翼成熟

（到達自動自發的程度），平均所需的時間是 66 天。

　　你可以使用各種不同的方法來讓你那以人格為基礎的新習慣持久，並且避免你的老習慣捲土重來。許多習慣會受到特定的觸發而啟動。你本來都會在一天中某個特定的時間裡做某件事（下班一回到家立刻打開電視），或是當你在某個特定的地方時（你每天早上都會點一個馬芬蛋糕來搭配你的咖啡），又或者當某件特定的事情發生時（只要工作一出了問題，你立刻就會覺得自己什麼事都做不好）。想要改變習慣很關鍵的一點就是，找出這些觸發點，想辦法避免或是用新的行為方式來取代這個反射性的舊動作。

　　同樣重要的是去找出你現有、毫無益處的習慣具有那些意義或需要性。你會發現，如果你用另一種更健康同時能滿足相同需求的行為來取代它們，打破老習慣就會更加容易。舉例來說，下班後打開電視的習慣能幫助你放鬆；早餐時的馬芬蛋糕能提振你的精神；自我批判是希望自己下次能做得更好。打破這些老習慣有一部分是增進你的盡責性所需要的改變，而就上述的例子來說，則是為了要降低你的神經質程度，如果你能找到更健康且能帶來類似回報的替代方式，做起來就會更容易——舉例來說，跟朋友或同事聊聊讓自己振作起來、找個下班後去做的運動或嗜好作為放鬆的方式，或是學著將失敗看作是學習和成長的機會。

　　當然，你一定會有忘了執行新習慣或再次屈服於舊有

習慣的時候。千萬不要因為這樣的狀況而感到心灰意冷甚至想要放棄。儘管美國心理學大師威廉‧詹姆士（William James）在他的著作《心理學原則》中提到，一次失誤——無論是沒有按照計畫去跑步、因逃避而沒有與對方進行對話，或是對誘惑屈服投降——對於養成新習慣來說都是很致命的事，但這個論點並沒有獲得研究人員的支持。我前面所提到追蹤學生養成新習慣的研究發現，單單只是錯過一天並沒有什麼大不了，雖然多次失誤確實會累積成負面的影響。很重要的是在一開始失誤時要能原諒自己，不要讓事情演變成更嚴重的狀況。試著讓自己再次下定決心要貫徹執行健康的新習慣。意思也就是說，一開始的失誤並不重要，重要的是你接下來怎麼做。就如同作家兼習慣專家詹姆士‧克利爾（James Clear）所說：「成功的人失敗時，很快就能再站穩腳步。如果能夠很快恢復，偶爾破個戒就沒有什麼大不了。」

關鍵重點：

　　為了確保你想要的人格改變能夠持續，堅持你的新行為和新意向，直到它們成為習慣。

規則五：改變是個持續的進程，你需要時時關注它的發展

　　你應該還不至於需要採取像班傑明·法蘭克林（Benjamin Franklin）那樣極端的作法。20 歲的他，每天把自己培養 13 種人格美德所做的努力一項項記錄下來（這 13 種美德包括了謙虛、誠摯，以及有條不紊），在他的筆記本中用黑筆標記出他沒有做好的地方。不過話說回來，法蘭克林非常聰明，他察覺到了逐步紀錄的重要性。如果你不將自己在改變人格上所做的努力記錄下來，你很難知道自己是否有任何進展，也很難決定究竟是要持續以現在的方式努力下去，又或者你需要嘗試另一種不同的方法。

　　不幸的是，在不檢查這些方法是否真的有效的狀態下繼續故我，其實還蠻吸引人的。心理學家甚至為這種傾向取了個名字：鴕鳥問題。如果你對嘗試去做改變的自己感到很滿意，那麼你最不想知道的就是，發現自己做的其實並沒有想像中好，又或者你的努力其實根本徒勞無功：它們沒有帶來任何你所希望的正面幫助，甚至更糟，它們帶來了反效果，並對你造成了極大的痛苦。但是，如果你想要長期維持成功的改變，至關重要的就是你得定期檢查，看看自己是否在進步之中，以及你所做的改變是否真的有其效用。

　　針對各種不同背景所進行的研究，包括從學習數學的

學生到採納新健康行為的病人，在在都顯示出，那些會把自己的努力記錄下來的人，在學習和改變上都更容易成功。就改變人格這件事來說，這種記錄可以採取追蹤習慣的方式來進行：寫日記來記錄你為了培養人格特質所進行的新行為與其他各種活動，藉此確保你的確有遵照自己的新習慣來生活（現在有各式各樣的手機應用程式和智慧手錶可以讓你更方便這麼做），並從中看出你的人格特質是否朝著你所希望的方向轉變。（以下這個網站有免費的人格測試，可以重複進行自我檢測：https:// yourpersonality. net）

大家之所以不願意記錄自己的進展，最常見的原因是害怕發現自己的努力徒勞無功，又或是他們自以為顯而易見的成果其實都是假象。想要克服這種恐懼，你可以提醒自己偶爾失誤其實無傷大雅（請見規則四），並擺脫要嘛就是做得到要嘛就是做不到這種全有或全無的心態。實際狀況其實可能更為複雜一些。你可能會在某些方面成功，但某些方面卻又不然，或者某些進展會快速又輕鬆地達成，但某些目標卻更為難以捉摸或無濟於事。別忘了，我們所獲得的成果並不總是那麼直接明顯。

建立起新的生活習慣這件事本身就是個成就，儘管這些新習慣所要達成的目的需要一些時間才能看得出來——無論最終的目的是學習某種新技能、減重、改變你的人格特質，或是實踐你的人生天職。於此同時，請記得在達成建立新日常與新習慣的里程碑時獎勵自己，這會是非常強

大的動力。當然，要做到這一點，需要你持續追蹤自己的進展。順帶一提，從商業環境來看，心理學家發現，推動工作團隊成功最重要的因素就是，團隊的每位成員都能朝著目標一步步有所斬獲，這種現象被稱之為進步原則，而同樣也是這個原則，能夠幫助你實現自己個人的目標。

關鍵重點：

　　持續記錄你的進展，如此一來你就能知道自己的努力是否奏效，並且能在邁向長久人格改變的路途中達到里程碑時，給自己獎勵。

規則六：對於自己可能達到的改變程度，抱持實際的態度

　　在解釋為什麼需要抱持實際的態度之前，請容我再次重申：你可以，也一定會有所改變。不論你是幾歲，你的人格都會隨著人生的推進而持續趨於成熟。而你可以有意識地利用自己性格中的這種可塑性，以你想要的方式來改變自己。

　　這樣的適應力是具有生物學意涵的。跟其他和我們一起生活在這個地球上的生物一樣，我們已經進化出改變自己的行為傾向來適應所處環境的能力。但跟其他動物不同的是，我們可以有意識地控制這種與生俱來的靈活性，選

擇如何改變自己。

被公認為人格中最難撼動的影響——也就是你能改變的極限——來自於你所繼承的基因。當然，即便如此，人生中還是充斥著各種難以逆料的困境和挑戰，足以塑造你這個人。除此之外，振奮人心的表觀遺傳學研究也顯示，不同的經歷可以改變你基因呈現的方式與時間。所以，就算是深植於你人格中的基因，可能也不像過去以為的那樣難以撼動。

伊利諾大學的布蘭特・羅伯茲（Brent Roberts）是人格可塑性方面的學術界專家，他稱此為「表型柔韌度」（意思是，你在自身基因與所處環境的交互影響之下，會呈現出什麼樣的自己）。「我們用柔韌度這個詞來做比喻，」羅伯茲如此寫道，「因為這些針對基因所進行的修正，將會導致未來在型態與功能上的永久改變，就像是清理水管的工具可以隨著水管而彎曲變形，遂定型為一個持久不變的形狀一樣。」

這些事實對任何一個希望能夠改變自己人格的人來說，充滿了極大的鼓舞力量。然而，我仍然相信，成功達到人格改變的一個基本原則是，你對於自己所能改變的程度夠實際，並且對自己夠誠實。先暫停一下來想想，你準備在多大的程度上進行改變。

我之所以會這麼問是因為，最新的科學研究發現，自動自發的人格改變是可以辦到的，但這樣的改變並不簡單，而且不會像魔法般瞬間完成（跟其他一些書籍的標題

相反，這改變所需要的時間遠遠超過 59 秒）。這要透過頑強的堅持以及改變你的生活常規——你的習慣、你去的地方、你做的事，可能還有你跟誰在一起。換句話說，這會牽涉到許多事情的。如果你真的老實面對自己，你計畫改變多少你的生活方式？你會繼續做同一份工作、跟同一群朋友在一起、保有同樣的習慣、每天做一樣的事嗎？慣性是很強大的，你的生活環境越是保持固定不變，你越是遵循你的日常作息，一直跟同一群人做同樣的事情，你的人格特質也就越可能維持不變。

　　所以，儘管我們每個人都有進行很大程度人格改變的潛力，但除非你準備好，並且能夠真正轉化你的生活和你所處的狀況，以及你與這些狀況的互動方式，否則你能夠達到的改變程度其實很可能並不顯著。就如同傑佛瑞・科特勒（Jeffrey Kottler）在他的著作《改變》一書中所說：「這並不是說我們要放棄自己的夢想，而應該是說，我們得在我們真的很想、很想要的東西、我們可能得到的東西，以及我們願意為了達到目標而去做的事情之間，有所妥協。」

　　另外一件必須牢記在心的事情是，就在你忙著修正調整自己人格中的某一個面向時，你可能會發現，這麼做造成你人格另一個面向的問題變得複雜。以為個人的經驗為例，我發現，我試圖提高自己的盡責性，有時候卻會衍生出一些事情要擔心，因此反而助長了我的神經質。這也說明了，即便你對要如何改變有非常明確的目標，採取全面

性的觀點還是非常重要的。就我自己來說,我學會了要確認自己有同時處理好盡責性和神經質的問題。

這樣的謹慎小心並非是悲觀。如同我之前所說,成功的人格改變並非是一件全有或全無的作為。就算是在你人格特質上非常細微的調整,都能夠帶來意義深遠的好處。這些正面的效果會如滾雪球般,引領你的人生朝著一個不同且更有利的方向邁進。

這裡的重點是,要對改變的程度以及我們所討論的轉化抱持實際的態度,因為不實際的期待是成功改變最主要的阻礙。錯誤的期望無可避免地會導致失望,而且相對地,也會形成一個消極的循環和想法,讓你徹底放棄任何想要改變的舉措。對於你計畫達成怎樣的改變,以及改變有多容易這類不切實際的幻想,一開始也許很振奮人心,但它們很可能會讓你陷入錯誤的自信之中,欺騙你的大腦,讓你以為艱難的部分都已經做完了。

相反地,只要對路途上的阻礙抱持實際的態度,長期來說更能夠讓你有成功的可能。刻意強迫自己去考量你下定決心要改變之後可能會遭遇的狀況,可以算是種很有幫助的練習,心理學家稱之為「心理對照」(mental contrasting)。試試看。想想你最希望改變的一個地方,寫下成功改變後能夠帶來的三個好處(為自己鼓舞一下士氣),然後停下來想想,這麼做的一路上會遭遇到的三個主要阻礙是什麼,把它們也寫下來。透過這樣的練習能夠幫助你採取更實際的觀點,同時也能確保你將自己的動機

和能量導引到最需要它們的地方。

> **關鍵重點：**
>
> 　　誠實面對自己準備好要付出多少努力來達到人格改變。保持實際的態度會比懷抱不實際的期待要好得多。

規則七：在其他人的幫助之下，你比較有機會成功

　　停下來思考一下，平常你在家庭或朋友聚會中所扮演的角色是什麼。通常我們在這類交際圈中一開始就會被貼上標籤，扮演一個很表淺的身分或角色，儘管這角色或身分不一定很明確：像是書呆子、勢利鬼之類的（辣妹合唱團的團員取綽號也是用類似的方式，像是「運動辣妹」和「高貴辣妹」）。然後我們就會如實活出這個社交角色，如同演出戲劇中的一角或是扮演搖滾樂團中的一員。

　　這種的漫畫式的形象或名聲可以是很有趣的戲弄或玩笑。但就你的人格發展來說，如果你的朋友和家人認為你是你所希望能成為的那種人（你理想中的自己），那麼這會是一種解脫，也是一種激勵，能夠幫助你以你想要的方式成長。但如果他們眼中的你跟你理想中的自己完全八桿子打不著，而你也不喜歡自己被分配到要扮演的那個角

色，那麼這會使你的自我改善更加困難。

　　根據這些你最親近的社交圈中的互動方式來看，你不會驚訝研究人員分析一般人在心理治療時所說的故事後發現，這些故事通常都會提到他們希望親近的朋友和家人能夠接納並理解他們，但實際上卻發現朋友和家人「拒絕並反對」這麼做，而且還會試圖「控制」他們。因此，人格改變要能成功，很重要的一個原則是，如果你能協助你最親近的家人和朋友理解、支持並相信你正在努力達成的改善，你會發現改變容易得多。在沒有後援的狀況下也是有可能成功，但如果有機會能讓對你意義重大的他人站在你這邊，或甚至是結交尊重且看重你想成為的那種人的新朋友，絕對會有更多的好處。「能夠預測改變是否成功的最佳指標就是，他人對你支持的程度有多高。」傑佛瑞・科特勒在《改變》一書中如此寫道。

　　社交支持的重要性同樣也適用於你最私密的戀愛關係。心理學家紀錄了一個他們稱之為「米開朗基羅效應」的現象，之所以如此命名，是因為米開朗基羅描述，雕刻的過程是在重現原本就存在於石頭內的那個形體。如果你的另一半認為你是你想要成為的那種人，並且用能幫助你成為那種人的方式來對待你（而且你的另一半也會去做那些你看重的行為），研究發現，想成為你理想中的自己會變得更容易許多。額外的好處是，你可能也會發現米開朗基羅式的關係讓人更有收穫，感覺也更真實。

　　不只是你身邊親近的人的期望和看法會對你個人的發

展帶來影響。更廣泛存在於你工作場所或朋友圈中的文化和行為準則（廣為眾人所接受的行事方法與其他道德價值），也同樣會塑造你的人格——可能是妨礙，也可能促進你正在尋求的改變。舉例來說，如果你工作的辦公室充滿了不友善的氛圍，你的同事經常在說彼此的壞話，如果這樣都沒有影響到你，降低你的隨和度並加劇你的神經質，那簡直是奇蹟。一點都沒錯，如同作家兼心理學家艾力克斯・佛德納（Alex Fradera）稱這種「不文明」為「辦公室裡的飛沫」，因為它會像感冒一樣蔓延到辦公室的文化上。舉例來說，如果你大部分的朋友都缺乏上進心或生活紀律，你想要找到動力來增進自己這些特質就會困難許多。

　　值得慶幸的是，相反的效果亦同。一份研究召募了辦公室裡的少數幾位同事在數週的時間內行善——幫助其他同事，並做些善意的小舉動——然後觀察這些受到幫助的人感受如何，以及會如何反應。結果給予及接受善意的人都感覺更快樂也更自動自發，更重要的是，接受善意的人變得更樂於助人也更友善，由此可以看出，利他行為與隨和性是可以傳染的，就和不文明的行為一樣。

　　以上這些社交效應——他人加諸在你身上的角色和期待，以及你的職場文化與朋友圈所帶來的影響——讓你不得不好好考量，你所處的社交環境會對你想要進行的人格改變造成什麼樣的影響。你可能沒有太多辦法可以控制這類情況，但如果你能讓自己處在擁有你重視的人格特質的

那類人身旁，你會發現自己要培養出這樣的特質會容易許
多。

關鍵重點：

　　想想你花最多時間相處的人有哪些，他們對於你
想要進行的人格改變是有幫助，還是造成阻礙。

規則八：生活會時時造成阻礙。訣竅就是預期到 它的存在，並順其自然。

　　很多時候，塑造我們的是日常生活中各種微小且平凡
的細節。與其被動全盤接受這些影響，你可以運用自身的
主動力來選擇開展全新、健康的習慣與日常，並且更刻意
且策略性地挑選自己所處的環境以及身旁的友伴，日復一
日。這麼做能夠給你一種一切皆在掌控中的感受，讓你朝
向你所想要的人格改變方向前進。然而，無可避免的事實
是，在你希望自己能改變的自身意願之外，還是會有其他
力量，而且通常是很強大的力量，塑造著你所成為的模樣。

　　其中一些——無論是正面或負面的力量——難以迴
避：像是疾病、婚姻、意外、新關係、喪親、失業、升遷、
疫情、分手、老化、獲得獎項與肯定、成為父母、鋃鐺入
獄、愉快的假期、退休，以及其他更多。這些外在的撩撥

可能會讓你為改變人格所做的努力，感覺起來彷彿像是划著一葉扁舟橫渡大海一般徒勞無功。你朝著你所選的方向奮力前進，運用本書中的各種策略和方法，但此時這些可能發生的重大事件翻江倒海而來，將你推往另一個方向。最糟糕的情況是，某起人生事件突然降臨，你的小船翻覆，留下你一個人無助又脆弱。

當然，沒有任何保證可行的方法，能保護你不受到人生重大挑戰與危機的傷害，但有件你可以做的事，那就是教育你自己，讓自己知道一些常見的狀況可能會如何影響你。如同我在本書第二單元中所寫，有些影響是可預期的，舉例來說離婚會使你變得內向，增加孤單的風險，而被開除則會降低你的盡責性，增加你找不到工作的風險。就連人生最美妙的高峰，比方像是新生兒的到來，都可能會帶來阻礙你人格發展的挑戰。舉例來說，有份研究認為，父母親常會在有了小孩之後，面臨自尊與神經質日益加劇的拉扯。知道這些事情會對你的人格帶來的影響之後，你就可以預期它們的存在，並採取改善措施來減緩它們所造成的影響。

但除此之外還是有災難性事件——徹底顛覆你的巨流——可能會帶來的衝擊。面對這類翻江倒海的時刻，幾乎總是會讓人痛苦不堪且深受創傷。你所能做的最好防禦就是在順遂的時候強化自己的韌性：培養自己的情緒穩定性、開放性、隨和性與盡責性，並建立起有意義且能相互支持的人際關係。這些人格特質以及你的社交網絡能成為助

力，在毀天滅地的人生海嘯來襲時，幫助你度過並進行療癒。

別忘了創傷後也會有所成長，這一點可能會讓你感到些許安慰——事實上很多人都說，那些人生中最痛苦的經歷讓他們變得更好，深化了他們與人的關係，並為他們重新定義了人生的意義和觀點。看看大衛‧庫許納（David Kushner）的反思，他在回憶錄《鱷魚的糖果》（*Alligator Candy*）中，寫下了弟弟強恩小時候被綁架殺害的事件以及之後的種種。當然，庫許納的家人打從心底希望這個悲劇從來沒發生過，但無論如何他們挺過一切活了下來，甚至從這樣的經歷中獲得成長。「我們始終沒有走出強恩的死，但是，或許正因為如此，我們共享了一種動力，讓我們盡全力活好自己的人生。」庫許納如此寫道。

再次重申，好好培養你的人格，這麼做能在災難萬一降臨時，幫助增加你存活的機會，也更容易發現正向改變所帶來的希望和機會。研究顯示，擁有較強的韌性、開放性，以及特別是盡責性（或許還有外向性和隨和性），能夠增加你在經歷創傷後利用潛力達到個人成長的機會。

關鍵重點：

在順遂的時候培養你的韌性，當人生風暴來襲，或遭遇更糟糕的狀況時，千萬別忘了，這些經歷能為個人成長提供絕佳的機會。

規則九：善意對待自己會比苛刻自己更容易帶來持續的改變

　　假設你離自己想成為的那種人還有十萬八千里遠——心理學家的形容會是你真實的自己與理想的自己之間還有很大的落差——那麼你更需要小心行事。如果你對自己極端不滿，而且沒有小心處理的話，很可能會讓自己非常不快樂，甚至有陷入憂鬱的風險。為因應這樣的狀況，你需要在接受（包括誠實、耐心和抱持實際態度；請見規則二和六）之間取得正確的平衡，才能不讓自己陷入聽天由命、志得意滿和失去動力的狀況中。你的目標應該是要對自己誠實、同情，並理解此刻當下的自己，同時也肯定自己擁有改變的潛力。

　　對你是否能成功達成這樣的平衡很關鍵的是，當事情無可避免地沒有完全按照計劃發展時，你會如何反應。想像你的人格目標之一是要變得更有責任心，但是你發現自己又一次在星期天早上睡眼惺忪地盯著鏡子，前一晚的放縱行徑就像是對身體的破壞行為般全寫在你身上。你要如何反應？是滿懷羞愧和嚴厲的自我批判嗎？你是不是嚴厲撻伐自己的鬆懈，並且認為這也再次證明你就是那種意志力很薄弱的人？你是不是很擔心別人不知道會怎麼想你這個人？

　　對這些問題回答「是」的話，就表示你採取的是不健

康的完美主義者會用的方法，這類人傾向於消極、自我責難、害怕他人的嚴厲批評，以及本質主義思維——意思也就是，把每一次的挫敗都當作是自己就是那種人的證據，彷彿這之於你已是無法改變、根深柢固、與生俱來的事，因此思考著應該要放棄改變的努力，好避免任何未來可能會失敗的風險。

相反地，如果你能像個健康的完美主義者那樣想的話，你就會更容易維持自己的動力來達到成功的人格改變，那就是，原諒自己的疏忽、不那麼擔心自己是否達成他人的期望，並且去思考是什麼樣的情況和行為導致了這次的挫敗（或其他類似的挫敗，像是對某個派對邀請大發雷霆、沒有通過考試，或是跟伴侶吵得不可開交——通常是那些在培養更高的外向性、開放性與隨和性過程中，早已預期到會出現的失敗）。

沒錯，對自己目前的人格特質誠實是很重要的事（如同規則二中所說），因為哄騙自己是個很棒、毫無瑕疵的人，並非通往成功人格發展的道路，而且當然，為自己所犯的錯誤負起責任是理所當然的事。但是，試著不要把每一次的失敗或疏忽看作「你就是那種人」的最終診斷。暫停下來認清自己在這次事件上所犯的錯，然後把心力專注於你可以從這次的經歷學習到什麼。下一次你可以怎麼做，可能就會有更好的結果？對，你可以為你的疏忽和失誤感到些許愧疚並負起責任。但不要因為羞愧而譴責自己是這樣的人，覺得自己會因為這一次的過失而永遠都翻不

了身。

　　用另一種方式來說，當事情沒有按照計畫進行，或是你沒有達到自己的期望時，試著不要過度責備自己。如果嘗試改變自己人格的過程變成了接二連三的痛苦失望，你一定很快就會放棄了。這個過程至少要讓你能夠承受得起——甚至更好，讓你能獲得極大的獎勵。所以，好好對待自己，用你對待自己關心的朋友的那種耐心和同情心，在心裡跟自己說話。把心力放在學習以及養成習慣與生活技能（所謂的「精進目標」）的長期挑戰上。此外，思考你是否朝實現你人生使命的正確方向前進，而不是執著於自己是否完成了某個特定、變幻無常的結果，又或者你是否達到他人可能很不公平的期望（也就是所謂的「表現目標」）。

> **關鍵重點：**
> 　　在你尋求成功的人格改變過程中，用你對待有相同目標的親近友人的那種同情心，善待自己。

規則十：相信人格改變的潛力與持續性，這是一種生活哲學

　　「人是不會變的」。這是個悲觀的說法，通常會出現

在一個人犯了錯之後，而且經常還會再補上一句：「……骨子裡不會。」我希望至少，現在已經來到這本書結尾的你，會對這句話表示不同意。有充分的真人真事作為證據顯示，人是可以改變、也會改變的，而在我寫作這本書期間，也有一系列客觀的相關研究湧現。

我們來看看 2018 年發表的一份美國研究，在 50 年間對將近兩千人進行兩次人格評量，一次是在他們 16 歲時，另一次則是 66 歲時。他們的評量分數並沒有全然改變；就如我之前曾提過，人格具有一種連續性。但有高達 98%的受試者在十種被列為評量項目的人格特質之中，至少有兩種特質出現顯著的改變，而有將近 60%的受試者，在四種特質上出現重大的改變。此外，這些改變整體來說都是正向的，比方像是變得更有毅力和責任心。「儘管人終其一生都會維持著某些核心的人格特質，但他們還是可以改變的。」研究人員如此說道。

知道自己擁有如此這般的改變潛力，會讓人感覺無比強大。你不需要對事情照單全收。你可以動手改變自己思考的習慣、行為和情緒，進而改善你的生活、工作和關係。別忘了，許多顯示出人傾向於正向改變的研究證據，都是基於其一生中自然而然發生，沒有任何特定目的性的事。而藉由刻意的投入來改善你的人格，並身體力行本書整理出來的建議，你很可能會做出比研究記載更大的改變。

人格在一定程度上是流動的，同時會持續隨著人生而改變，這種觀點呼應了佛教認為自我無常的教義，以及心

理學家卡蘿・杜威克（Carol Dweck）所提出的成長心態方法論。許多研究認為，用這樣的方來看待人格是非常有益的，可以讓人更從容面對並適應人生中的各種挫敗。一份針對憂鬱症與焦慮症青少年所進行的研究發現，一堂短短30分鐘的人格可塑性課程，就能夠幫助他們減輕症狀，並引導他們去思考自己可以如何改變自己的行為，來因應眼前的困境（而非感到絕望）。

　　這個人生因應方法很重要的部分是，接受人的改變永遠不會停止。確保自己擁有想要的人格，並不是一件可以「一勞永逸」的事，跟買下你夢想中的房子，或是贏得一面掛在你脖子上的獎牌不同。就如同為本書拉開序幕的故事主角安東尼・約書亞（Anthony Joshua）也承認：「想要持續做個正直高尚的人，需要付出的努力其實非常驚人。」努力成為最好的自己，是終生不能停歇的付出，因為你得面對各種不同的挑戰、責任，以及沿路上的崎嶇不平，無論它們是事業上的挫折、可能發生的身體病痛、嫉妒你的同事，或是捉摸不定的情人。一次又一次，你會發現自己發展出了沒有幫助的特質，於是你得再一次投入展開正向的改變。我對你的期許是，在擁有足夠支援和付出的情況下，你隨著年紀持續變得成熟並綻放光彩，這時你會發現，這是個退一步卻會進兩步的狀況。

關鍵重點：

改變是持續不斷的，投入付出成為最好的自己，是終生不懈怠的努力。

後記

　　納丁姆・亞沙（Nedim Yasar）不會知道是什麼打中了他。那是在哥本哈根的一個傍晚，空氣中已經能感覺到一絲寒冷的氣息。他依然處在剛剛那場慶祝他新書發表的雞尾酒派對的熱鬧歡騰氣氛之中，亞沙這個身上有著刺青的高個男子，才剛在他的車子裡坐定，頭部就突然遭到兩記槍擊。救護車緊急將他送往醫院，當晚他就因為傷勢過重而身亡。

　　這場派對是在丹麥紅十字會的青年分部舉辦，亞沙在這裡擔任一個廣播節目的主持人，也是問題青少年心目中的人生導師。「他說的話充滿了啟發，卻沒有說教的味道。這是很大的不同。」該機構的主任安德斯・富爾摩・布霍特對紐約時報這麼說。「納丁姆有非常強烈的價值觀，也非常清楚他想要創造一個什麼樣的社會。不過他也很清楚自己過去是個什麼樣的人。」

　　納丁姆・亞沙過去是惡名昭彰的黑道幫派 Los Guerreros 的老大。他七年前離開了幫派，在監獄的更生計畫幫助之下，再加上兒子出生所帶來的極大鼓舞，亞沙成功改造了自己過去那冷酷又暴力的人格。但他仍是無法抹

消自己的過去，而這過去令人惋惜地奪走了他的性命。

　　然而，亞沙振奮人心的故事會繼續流傳下去，而這也是另一個人們確實有能力改變人格的強大展現。亞沙的廣播節目編輯約根‧拉瑪索夫（Jørgen Ramsov）在他死後說，亞沙在完成更生計畫出獄後，成為「一個截然不同的人……他下定決心要極力對抗幫派，幫助年輕人理解犯罪生活對他們沒有任何好處。」我在本書中也列舉了許多類似的真人真事以及最新的研究證據，顯示出人格改變真實可行。事實上，之前我在一個專門報導心理學新發現的網站擔任編輯時，幾乎每個禮拜都會看到至少一份以上的新研究，闡述關於人格改變的各種不同面向。

　　不過，對於人格完全具有可塑性——也就是人是可以改變的——這個看法持反對意見的人依然普遍存在。如同人格研究先驅布蘭特‧羅伯茲（Brent Roberts）近期所說：「人格特質不但存在，而且是可以被改變的。這某種程度顛覆了所有人的世界觀。」

　　我經常親身經歷這種質疑。最近在一場由英國神經科學協會舉辦的宴會上，當時我才剛結束一場以大腦的迷思為題的公開演講，正愉快地和全英國最知名也最有趣的一位心理學家聊天，她被公認為是這個學科最資深的代表人物。就在我告訴她這本書的書名之後，她立刻做出了極度質疑的反應。就跟許多人一樣，包括那些並非專長於人格研究的心理學家，她認為人不會真的改變。「重點不就是人格特質是固定的嗎？」她說。「人格是不會改變的不是

嗎？」接著她以其著名的敏捷思緒，迅速舉出了兩個以頑固性格著稱的例子：唐納・川普，以及英國前首相特蕾莎・梅伊。

在那一瞬間，我完全招架不住。這是任何想要反對人格可塑性的人可以舉出的兩個完美範例。川普和梅伊兩人的性格截然不同，但他們兩人在位時期飽受抨擊的地方卻是一樣的：他們的冥頑不靈。這一點看來兩人都無法改變。

我試著想出幾個反證，但慚愧的是，我的腦袋一片空白（藉口是，我才剛剛在公開演講中談論大腦迷思，所以我的大腦還處在當時的狀態中）。等到我們的交談轉移到其他話題上之後，我的腦袋裡立刻浮現了記錄在本書中那些成功改變的人的名字，像是馬吉德・納瓦茲，從伊斯蘭基本教義支持者變成了和平擁護者；安東尼・約書亞，從小罪犯變成了青少年典範人物；尼克・亞瑞斯，從少年犯變成了熱愛閱讀且鼓勵樂善好施生活的人，艾瑪・史東，從極度害羞的少女變成了好萊塢的超級巨星；卡特菈・科比特，從吸毒成癮者變成了超級跑者。在每一個案例中，這些改變都反映出了他們內心人格特質的變化——特別是開放性、盡責性與隨和性的增加，以及神經質的降低。

我也想起了其他許多我應該要做的反駁。首先，像川普和梅伊這樣的公眾人物很有可能在其他方面有所改變，只是大眾不一定看得見（通常是他們最不討人喜歡的特質會讓旁觀者作出評論，像是川普的自戀，或是梅伊缺乏魅力）。但我希望自己當時能提出的最重要論點是，重大的

人格改變只會出現在想要改變的人身上。梅伊和川普，以及其他許多跟他們一樣的人，都強烈表現出他們對自己很滿意，他們完全沒有想要改變自己的意思——這種固執在某些方面是種力量，同時卻也是他們最大的弱點。

我還是堅持自己的看法，如果鐵石心腸的罪犯能夠改變他們的人格，變得更好，那麼心理變態者、害羞的學生，甚至是那些可能會成為基本教義極端分子的人，如同本書各處穿插的真人真事和學術研究所示，那麼我很有把握，你也可以改變你的人格，成為你想要的自己。

致謝

　　我從來沒有跟完成此書我最需要感謝的兩個人見過面：我在 Inkwell Management 的經紀人 Nat Jacks，以及我在 Simon & Schuster 出版公司的編輯 Amar Deol。這個不尋常的狀況並非肇因於極度內向的個性，或是有誰不願意和對方見面。其實這是因為 Nat 和 Amar 兩位都在紐約，而我在英國的薩賽克斯郡。

　　我要感謝 Nat 跨越大西洋與我聯繫，並溫柔地鼓勵我寫下記載我「偉大想法」的第一本書。我很需要他人的鞭策：那年我的雙胞胎剛出生，每天的時間和睡眠都不夠。生活從那時候起就像是搭上了雲霄飛車，但 Nat 從不間斷地給予我友善的建言和支持。

　　感謝 Amar 對這本書的信心，並引導我走過整個寫作的過程。我非常感激他由始至終散發出的溫暖和絕佳幽默感，尤其是他給予了我信心，讓我能盡情在書中展現自己。

　　我希望有一天我能見到 Nat 與 Amar，當面向他們致上謝忱！

　　感謝 Simon & Schuster 出版公司的 Tzipora Baitch，他

非常好心地出手相助，在製作過程中將《重置人生》一書打造成型，我也要感謝 Beverly Miller 和 Yvette Grant，他們細心的撰寫文案並處理各種編輯業務。

而在家鄉的英國，我很感激服務於 Little Brown（我在英國的出版商）的 Andrew McAleer 對這個出版計畫的指導和熱心。我也要感謝我在倫敦的經紀人，Soho Agency 的 Ben Clark。

在我持續為大眾撰寫人格心理學的這些年裡，我借鑒了許多心理學家了不起的研究和理論，我感激他們每一位，其中包括了 Brent Roberts、Rodica Damian、Julia Rohrer、Simine Vazire、Scott Barry Kaufman、Brian Little、Dan McAdams、Wiebke Bleidorn、Oliver Robinson、Kevin Dutton，以及其他為數眾多不及備載的各位。

同時，致本書中所有啟發人心的人物，你們展現了人格改變的美好與挑戰：非常感謝你們。

在我開始寫作《重置人生》不久之後，我同時也在 BBC Future 開始了我自己的人格心理學專欄（本書的一些想法便是在此寫就而成），而我非常感謝我在這裡的編輯，特別是 David Robson、Richard Fisher、Zaria Gorvett 以及 Amanda Ruggeri，感謝他們磨練我的寫作，並讓我知道該如何將心理學的發現與讀者的日常生活做連結。

就在 2019 年接近完稿時，我也展開了重大的工作轉換，離開了我任職十六年，擔任編輯工作的英國心理學會，加入了 Aeon 旗下的新姐妹出版公司，也就是 2020 年 5 月

發行的心理雜誌。感謝我在 Aeon 和心理雜誌的所有同事，大家都熱烈歡迎我，並為我帶來很大的啟發，特別要感謝的是 Brigid 和 Paul Hains 對我的信任，同時也讓我看見如何將嚴謹的知識分子與真心及開放心態結合為一體。

　　我要感謝 John Kemp-Potter。在我寫作本書的那些年，我們每週一次的桌球爭霸戰樂趣無窮，而且也幫助我控制了自己的神經質！

　　而我最最感謝的就是我最親近的家人。我慈愛的媽媽，總是在我身旁，給予我安慰和智慧。我的老爸，培養了我不服輸的精神。我美麗、可愛的雙胞胎蘿絲和查莉：看著妳們的人格成長發光是無上的喜悅。最後要感謝我親愛的妻子和靈魂伴侶茱迪：我愛妳更多！

重置人生：你還是十六歲時的那個自己嗎？

作　　者──克里斯蒂安‧賈勒特 (Dr. Christian Jarrett)
譯　　者──張國儀
全書裝幀──倪旻鋒
主　　編──王衣卉
企劃主任──王綾翊
內頁排版──唯翔工作室
第五編輯部總監──梁芳春
董 事 長──趙政岷
出 版 者──時報文化出版企業股份有限公司
　　　　　108019台北市和平西路三段二四○號
　　　　　發行專線──(○二)二三○六六八四二
　　　　　讀者服務專線──○八○○二三一七○五
　　　　　　　　　　　　(○二)二三○四七一○三
　　　　　讀者服務傳真──(○二)二三○四六八五八
　　　　　郵撥──一九三四四七二四時報文化出版公司
　　　　　信箱──一○八九九臺北華江橋郵局第九九信箱
時報悅讀網──http://www.readingtimes.com.tw
電子郵件信箱──yoho@readingtimes.com.tw
法律顧問──理律法律事務所　陳長文律師、李念祖律師
印　　刷──勁達印刷有限公司
初版一刷──二○二三年六月十六日
定　　價──新台幣四五○元

時報文化出版公司成立於一九七五年，
並於一九九九年股票上櫃公開發行，
於二○○八年脫離中時集團非屬旺中，
以「尊重智慧與創意的文化事業」為信念。

重置人生：你還是16歲時的那個自己嗎？／克里斯蒂安‧勒特
作；張國儀譯. -- 初版. -- 臺北市：時報文化出版企業股份有限
公司，2023.06
296 面；14.8×21公分

譯自：Be who you want

ISBN　978-626-353-974-7（平裝）

1.CST：性格　2.CST：人格心理學　3.CST：自我實現

173.7　　　　　　　　　　　　　　　112008785

Be Who You Want: Unlocking the Science of Personality Change
Complex Chinese Translation copyright © 2023 by China Times Publishing Complex.
Original English Language edition Copyright © 2021 by Christian Jarrett
Published by arrangement with the original publisher, Simon & Schuster, Inc.
through Andrew Nurnberg Associates International Limited
All rights reserved

ISBN　978-626-353-974-7
Printed in Taiwan